SCHRIFTENREIHE DES IFO-INSTITUTS FÜR WIRTSCHAFTSFORSCHUNG

Nr. 76

IFO-INSTITUT FÜR WIRTSCHAFTSFORSCHUNG

Der deutsche Ein- und Ausfuhrhandel im Entwicklungsländergeschäft

Aktivitäten, entwicklungsfördernde Leistungen, Schwierigkeiten

Von

Erich Batzer, Erich Greipl
Helmut Laumer

DUNCKER & HUMBLOT / BERLIN-MÜNCHEN

Alle Rechte vorbehalten
Gedruckt 1971 bei Buchdruckerei Bruno Luck, Berlin 65
© 1971 Duncker & Humblot, Berlin 41
Printed in Germany
ISBN 3 428 02626 8

Vorwort

Der institutionelle Ein- und Ausfuhrhandel gehört zu denjenigen Wirtschaftsbereichen, die bislang empirisch am wenigsten durchleuchtet worden sind, obwohl er im internationalen Warenaustausch eine wichtige Rolle spielt. In der vorliegenden Studie wird der Versuch unternommen, die Funktionen und Aktivitäten der Ein- und Ausfuhrhäuser im Geschäftsverkehr mit Entwicklungsländern — ihrem besonderen Betätigungsfeld — deutlich zu machen und aufzuzeigen, welchen Beitrag sie zur wirtschaftlichen Entwicklung dieser Länder leisten.

Die Studie wurde vom Bundesverband des Deutschen Groß- und Außenhandels und vom Bundesministerium für Wirtschaft und Finanzen gefördert.

München, im Oktober 1971

Prof. Dr. *Karl M. Hettlage*
Präsident
des Ifo-Instituts für Wirtschaftsforschung, München

Inhaltsverzeichnis

I. Vorbemerkungen 11

II. Aktivitätsrahmen und Funktionsbild des Ein- und Ausfuhrhandels und ihr Wandel 12

   1. Die traditionelle Aufgabenstellung 12

   2. Änderung der Markt- und Konkurrenzverhältnisse 13

   3. Unternehmenspolitische Umorientierung 15

III. Bedeutung und Aktivitätsbreite des Ein- und Ausfuhrhandels im Warenverkehr mit Entwicklungsländern 19

   1. Der Anteil des Ein- und Ausfuhrhandels am Handel mit Entwicklungsländern 19

   2. Die Bedeutung des Handels mit Entwicklungsländern bei den befragten Außenhandelsfirmen 21

   3. Die Betätigungsbreite der Handelshäuser hinsichtlich der Zahl der Partnerländer und der Niederlassungen 22

IV. Die Leistungen des Ein- und Ausfuhrhandels für die wirtschaftliche Entwicklung der Partnerländer 25

   1. Die besondere Bedeutung der Mittlerfunktion des Ein- und Ausfuhrhandels für Entwicklungsländer 25

   2. Die spezifischen entwicklungspolitischen Leistungen 26

      a) Impulswirkung für die Wirtschaft 26

      b) Direkte und induzierte Investitionen 29

      c) Beschäftigungs- und sozialpolitische Effekte 31

      d) Finanzierungshilfen 32

      e) Service und Lagerhaltung 33

V. Risiken und Wettbewerbsnachteile des Ein- und Ausfuhrhandels im Handelsverkehr mit Entwicklungsländern 35

   1. Politische Gegebenheiten in den Entwicklungsländern 35

      a) Instabilität 35

      b) Nationalisierung und Sozialisierung 35

    c) Diskriminierung wegen Zugehörigkeit zum kapitalistischen Lager ... 36
    d) Bevorzugung von Firmen aus traditionellen Kolonialländern .. 36

  2. Wirtschaftliche und wirtschaftspolitische Gegebenheiten in Entwicklungsländern ... 37

    a) Importrestriktionen ... 37
    b) Währungsrisiko ... 38
    c) Kompensationsabkommen ... 38
    d) Erschwerung der Aufenthalts- und Arbeitsgenehmigung ... 38
    e) Sonstige Faktoren ... 39

  3. Kredit- und Kreditabsicherungsbedingungen sowie wirtschaftspolitische Maßnahmen in der BRD ... 40

VI. *Zusammenfassung der Untersuchungsergebnisse und Schlußfolgerungen* ... 43

Anhang: Die Aktivitäten deutscher Handelshäuser in Entwicklungsländern, dargestellt an ausgewählten Beispielen ... 46

  Joh. Achelis & Söhne, Bremen ... 46
  Carlowitz & Co., Hamburg ... 47
  Coutinho, Caro & Co., Hamburg ... 50
  Peter Cremer, Hamburg ... 52
  Ferrostaal AG, Essen ... 53
  Freudenberg & Co., Bremen ... 55
  B. Grimm & Co., Hamburg/Bangkok ... 57
  Jos. Hansen & Söhne, Außenhandelsges.mbH., Hamburg ... 60
  Illies & Co., Hamburg ... 61
  Jebsen & Jessen, Hamburg ... 63
  Gebr. Kulenkampff, Bremen ... 66
  Lohmann & Co., Bremen ... 67
  C. Melchers & Co., Bremen ... 70
  Arnold Otto Meyer, Hamburg ... 73
  Münchmeyer Export GmbH, Hamburg ... 75
  Johs. Rieckermann, Hamburg ... 78
  Gebr. Weyersberg, Solingen ... 81
  Theodor Wille, Hamburg ... 82
  Otto Wolff AG, Köln ... 85

Inhaltsverzeichnis 9

Summary of the Research Results and Conclusions 87

Résumé des Resultats d'Enquête et Conclusions 89

Informationsquellen 91

1. Verzeichnis der im Rahmen der Untersuchung befragten Firmen, Verbände, Institute, Behörden und sonstigen Stellen 91
2. Literaturverzeichnis 93

I. Vorbemerkungen

Ein- und Ausfuhrhandel wird in dieser Untersuchung im institutionellen Sinne verstanden, d. h. es wurden nur rechtlich selbständige Unternehmen, die im Schwergewicht ihrer Tätigkeit Außenhandel betreiben, in die Betrachtung einbezogen. Als Entwicklungsländer im Sinne dieser Untersuchung zählen alle lateinamerikanischen Staaten, die afrikanischen Staaten (ohne Südafrikanische Republik) und die asiatischen Staaten (ohne Japan, Volksrepublik China und Israel).

Die Beschaffung des erforderlichen Informations- und Datenmaterials machte in erster Linie persönliche und schriftliche Erhebungen bei deutschen Export- und Importhäusern sowie deren Niederlassungen in Übersee notwendig. Eine detaillierte, repräsentative Erfassung der Tatbestände war nur auf Grund der Bereitschaft der Firmen zu eingehenden Informationsgesprächen möglich. Im Rahmen der Untersuchung wurden über 120 Intensivgespräche bei Unternehmen, Verbänden, Forschungsinstituten sowie sonstigen Organisationen durchgeführt. Ferner wurde das umfangreiche Archivmaterial der Bundesstelle für Außenhandelsinformation (BfA) ausgewertet. Die Erfahrungen von BfA-Korrespondenten waren eine wertvolle Hilfe für die Beurteilung der landesspezifischen Gegebenheiten in einigen Entwicklungsländern.

Die Studie gliedert sich in einen allgemeinen Teil und einen Firmenberichtsteil (Anhang). Die Firmenbilder sollen am Einzelbeispiel die im allgemeinen Teil herausgearbeiteten Aussagen illustrieren.

II. Aktivitätsrahmen und Funktionsbild des Ein- und Ausfuhrhandels und ihr Wandel

Die deutschen Übersee-Handelshäuser sahen sich in den letzten zwei Jahrzehnten mit gravierenden Strukturproblemen konfrontiert. Vor allem exogene Faktoren zwangen sie, ihre traditionelle Aufgabenstellung zu überprüfen und ein neues, der Entwicklung bei Lieferanten und Kunden angepaßtes Waren- und Dienstleistungsprogramm anzubieten. Vielen der alten Ein- und Ausfuhrhäuser aus den Pionierzeiten des Überseehandels ist diese Umorientierung geglückt; andere Unternehmen mit weniger beweglichem Management oder unzureichender Kapital- und Personalausstattung kamen in Schwierigkeiten und mußten teilweise ihre Niederlassungen aufgeben.

Die Struktur des Ein- und Ausfuhrhandels hat sich als Ergebnis dieses Prozesses gegenüber den fünfziger Jahren und noch mehr gegenüber der Vorkriegszeit erheblich verändert. Das gilt insbesondere in bezug auf Sortiment, Dienstleistungen und Stellung gegenüber der deutschen Industrie.

1. Die traditionelle Aufgabenstellung

Die überseeischen Entwicklungsländer waren seit jeher die ureigenen Betätigungsgebiete des selbständigen Ein- und Ausfuhrhandels. Auf der Importseite (aus deutscher Sicht gesehen) dominierte stets der Handel mit den klassischen Welthandelsgütern, d. h. mit Rohstoffen und Naturprodukten (z. B. tropische Hölzer, Kautschuk, Wolle, Baumwolle, Kaffee, Tee, Kakao, Rohtabak, Erze, Öle und Fette), den die weiterverarbeitende Industrie bzw. der deutsche Binnenhandel wegen der hiermit verbundenen großen Risiken fast vollständig dem spezialisierten Einfuhrhandel überließ. Auf der Exportseite waren deutsche Überseekaufleute Anfang und Mitte des 19. Jahrhunderts auf dem Weltmarkt die Pioniere der jungen deutschen Industrie, die in ihrem damaligen Entwicklungsstadium nicht in der Lage gewesen wäre, ohne Mitwirkung des landeskundigen selbständigen Exporthandels auf den überseeischen Märkten Fuß zu fassen. Anfang der vierziger Jahre des 19. Jahrhunderts etablierten sich die ersten beiden hanseatischen Handelshäuser in China. Um 1860 entstand in Nagasaki das erste deutsche Japan-Handelshaus, und seit der Mitte des vorigen Jahrhunderts überzogen deutsche Handelshäuser das tropische Afrika mit einem Netz von Niederlassungen[1]. Je weiter entfernt, je kleiner, je unübersichtlicher und je risikoreicher die Absatzmärkte sind, desto geneigter waren und sind die Produzenten, dem Direktexport aus dem Wege zu gehen und mit dem Exporthandel zusammenzuarbeiten. Das typische Exporthaus der Pionierzeit, und daran hatte sich zumindest bis zum zweiten Weltkrieg kaum etwas geändert, führte ein breites Sortiment. *Hellauer*[2] hat den Aktivitätsrahmen des klassischen Exporthauses recht treffend beschrieben:

„Gewöhnlich schließt der Exporteur im engsten Sinne grundsätzlich keine Ware von seinem Geschäftsbetrieb aus. Er ist ebenso geneigt, mit Baumwollwaren wie mit Glas, mit Butter in Dosen wie mit Grubenhölzern, mit Zündhölzern wie mit Mehl u. s. f. zu arbeiten, wenn sich mit der betreffenden Ware Geschäftserfolge erzielen lassen. Dadurch, daß sich sein Handel auf vielerlei Waren erstreckt, ist er in der Lage, sein Geschäft auch für solche Gebiete intensiv zu organisieren, in denen mit der einzelnen Ware keine genügenden Umsätze gemacht werden könnten. Er ist dadurch auch von dem Geschäftserfolg der einzelnen Ware unabhängig und mehr oder weniger ebenso geneigt, Waren, mit denen er bisher gearbeitet hat, fallen zu lassen, als neue aufzunehmen. Seine Branchentätigkeit liegt weniger in der Kenntnis der Ware, mit der er sich abgibt, als in der gründlichen Kenntnis der Absatzgebiete, nach denen er verkauft. Deshalb tritt auch bei den Exporteuren im engsten Sinne an die Stelle der Spezialisierung nach Waren die schon erwähnte Spezialisierung nach Absatzgebieten. Zwar gibt es viele Exporteure, die auch kein Absatzgebiet grundsätzlich von ihrem Geschäftsbetrieb ausschließen; selbst bei diesen pflegt aber doch deutlich die Pflege eines bestimmten, allerdings oft großen Gebietes (z. B. Zentral- und Südamerika oder Ostasien) in den Vordergrund zu treten, indem sie nach anderen weniger intensiv oder nur gelegentlich arbeiten."

In der Nachkriegszeit erwies sich diese bis dahin erfolgreiche unternehmenspolitische Ausrichtung aus einer Reihe von Gründen zunehmend als revisionsbedürftig.

2. Änderung der Markt- und Konkurrenzverhältnisse

Dem traditionellen Importhandel, soweit er Konsumwaren einführt, erwuchs in den letzten zwei Jahrzehnten zunehmend Konkurrenz in den erstarkenden Konzentrations- und Kooperationsformen des Handels, die mit steigendem Umsatzvolumen verstärkt dazu übergingen, direkt zu importieren. Die Waren- und Versandhäuser haben bereits Importquoten von knapp einem Fünftel ihrer gesamten Warenbezüge; sie unterhalten eigene Einkaufsbüros in den Beschaffungsländern,

---

[1] Vergleiche hierzu auch: Exporthandel — Aufgaben und Funktionen, Hamburger Beiträge aus der Wirtschaftspraxis, Ausgabe Sept. 1965, Arbeitsgemeinschaft für Wirtschaftsförderung e. V., Hamburg.
[2] Vergleiche *Hellauer, J.*: Welthandelslehre, Wiesbaden 1954, S. 152.

II. Aktivitätsrahmen und Funktionsbild

arbeiten mit Einkaufsvertretern in diesen Ländern zusammen oder entsenden regelmäßig Einkäufer zu den ausländischen Lieferanten[3]. Einkaufsvereinigungen und -genossenschaften, Freiwillige Ketten und Filialbetriebe haben gemeinsame Importkontore, vielfach auch zusammen mit ausländischen Schwesterorganisationen auf internationaler Ebene errichtet.

Auswirkungen auf den selbständigen Einfuhrhandel ergaben sich auch aus dem Ausbau der Europäischen Wirtschaftsgemeinschaft, die die Einfuhr von Agrarprodukten aus den Mitgliedsländern begünstigt und den Import aus Drittländern, zu denen auch die Entwicklungsländer gehören und in denen das Schwergewicht der Tätigkeit des selbständigen Einfuhrhandels liegt, erschwert; es kam teilweise zu einer Umstrukturierung der Warenströme, die zu Lasten des traditionellen Importhandels ging. Der Anteil der Wareneinfuhren aus Entwicklungsländern am Gesamtimport der BRD ist — bei einem absoluten Anstieg des Einfuhrwertes von rd. 9,5 auf 17,5 Mrd. DM — von gut 22 % im Jahre 1960 auf knapp 16 % im Jahre 1970 gesunken.

Ein dritter Aspekt, der in diesem Zusammenhang genannt werden muß, ist die Umstrukturierung der deutschen Einfuhr nach Warengruppen: Die klassischen Welthandelsgüter — Domäne des selbständigen Einfuhrhandels — verlieren anteilsmäßig an Bedeutung gegenüber Industrieerzeugnissen, die in erheblichem Umfang von der weiterverarbeitenden Industrie direkt oder von Binnengroßhändlern mit eigener Einkaufsorganisation importiert werden.

Auch der selbständige Exporthandel wurde von strukturellen Änderungen auf den Weltmärkten und innerhalb der deutschen Wirtschaft tangiert. Der Entwicklungsländer-Anteil verringerte sich zwischen 1960 und 1970 — bei einem absoluten Anstieg des Ausfuhrwertes von 9,3 auf 14,2 Mrd. DM — von 19,5 % auf rd. 11 %. Da der Export in Industrieländer in wesentlich höherem Maße in Händen der Hersteller liegt, vergrößerte sich das Absatzpotential des selbständigen Exporthandels nicht in gleichem Maße wie das gesamte Ausfuhrpotential.

Die vor allem bei Großobjekten zu beobachtende Tendenz zum Direktexport der Industrie wird um so stärker, je kaufkräftiger und aufnahmefähiger die einzelnen Exportmärkte werden. Immer mehr Entwicklungsländer werden für große Produzenten zu Absatzmärkten, in denen die Errichtung eigener Verkaufsniederlassungen rentabel erscheint. Dies gilt z. B. für Länder wie Brasilien oder Mexiko, die zu den höherentwickelten Volkswirtschaften im Kreis der Entwicklungs-

---

[3] Vergleiche *Wilitzki*, G.: Entwicklungstendenzen im Außenhandel, in: Absatzpolitik und Distribution, Wiesbaden 1967, S. 339.

länder zählen, in besonderem Maße. Hinzu kommt, daß deutsche Produktionsfirmen in zahlreichen Entwicklungsländern eigene Fabrikationsstätten errichtet haben und weiter aufbauen und damit die Dienste des Exporthandels, der in früheren Jahren und Jahrzehnten diese Märkte erschlossen und bearbeitet hat, nicht mehr im bisherigen Umfang benötigen. Durch den Ausbau und die Verbesserung des internationalen Verkehrs- und Nachrichtenwesens ist es für die exportierende Industrie immer leichter geworden, kurzfristig Direktkontakte zu den Abnehmern in den entferntesten Ländern zu knüpfen bzw. Interessenten zu besuchen oder zu informieren. Gleichzeitig läßt sich jedoch bei Geschäften kleinerer und mittlerer Größenordnung die Tendenz beobachten, daß die Industrie wieder verstärkt mit dem Exporthandel kooperiert; hier erweisen sich in der Regel eigene Verkaufsniederlassungen als zu kostspielig.

Vorwiegend sortimentspolitische Konsequenzen mußte der deutsche Exporthandel aus der Politik der Entwicklungsländer ziehen, durch den Aufbau einer eigenen Industrie die meist vorhandene risikoreiche Abhängigkeit von einem oder wenigen Agrarprodukten zu mildern. Naturgemäß konzentriert man sich dabei zunächst weitgehend auf Konsumgüterindustrien, auf Fabrikationsbetriebe also, die Waren herstellen, die im traditionellen Sortiment des deutschen Exporthandels eine große Rolle spielten. Die Selbstversorgung dieser Länder mit Konsumwaren des täglichen Bedarfs wächst also, der Importbedarf (vom Entwicklungsland aus betrachtet) und damit das Absatzpotential deutscher Exporthäuser in diesen Ländern wird relativ geringer. Hinzu kommt, daß nahezu alle Entwicklungsländer ihre jungen Industrien durch hohe Zollschranken oder andere Importrestriktionen schützen, ja vielfach den Konsumgüterimport völlig unterbinden.

Im Zuge der Anhebung des wirtschaftlichen Niveaus dieser Länder wird jedoch ein Bedarf nach höherwertigen Konsumgütern entstehen, der zunächst selbst nicht abgedeckt werden kann; das gilt insbesondere für höherwertige technische Gebrauchsgüter. Für den Exporthändler, der bereit ist, die für den Absatz dieser Produkte unerläßlichen Kundendienstfunktionen zu erfüllen, dürften sich gute neue Absatzmöglichkeiten ergeben.

3. Unternehmenspolitische Umorientierung

Die skizzierten Wandlungen der Markt- und Konkurrenzverhältnisse, die auf den einzelnen Absatzmärkten zwar sehr unterschiedlich wirksam, in der Tendenz aber überall festzustellen sind, ließen dem deutschen Außenhandel nur zwei Alternativen: Entweder sich aus diesen

Märkten ganz oder teilweise zurückzuziehen oder sich durch eine neue bzw. erweiterte Aufgabenstellung den gewandelten Verhältnissen anzupassen. Beide Wege wurden und werden (der Prozeß ist in vollem Gang) in der Praxis beschritten. Aus der Vielzahl untersuchter Fälle, die im einzelnen wegen örtlicher, personeller oder sonstiger Besonderheiten nur schwer katalogisierbar sind, lassen sich in bezug auf die Exportorientierung der deutschen Außenhandelshäuser folgende Grundtendenzen feststellen:

— Das Geschäft und der Sortimentsschwerpunkt der Exporthäuser verlagern sich zunehmend vom Konsumgütersektor zum Investitionsgütersektor, und hier vom „einfachen" zum „komplizierten" Gerät bzw. vom wenig problematischen Einzelmaschinengeschäft zum Anlagengeschäft. Insbesondere bei komplexeren Projekten, z. B. Lieferung von Bewässerungsanlagen, für die Teillieferungen mehrerer Produzenten zusammenzufassen sind, rückt der Handel in den Vordergrund. Vielfach wünscht der Kunde bei solchen „Paketgeschäften" eine langfristige Gesamtfinanzierung, die der Exporthandel übernehmen kann. Solche Projekte wiederum erfordern erhebliche finanzielle Leistungsfähigkeit, die nur eine beschränkte Zahl von Exporthäusern aufzuweisen hat. Hieraus ergibt sich — zumindest in der Tendenz — eine Konzentration der Groß-Geschäfte auf eine relativ kleine Zahl von Firmen.

— Das Investitionsgütergeschäft erfordert in hohem Maße technische Beratung und Serviceleistungen, die nur durch hochqualifiziertes und entsprechend teures Fachpersonal (Ingenieure, Monteure) geboten werden können. Die Kompliziertheit der modernen Maschinen und Anlagen zwingt zu einer immer stärkeren Spezialisierung des Angebots auf diejenigen Fachgebiete, die vom technischen Personal „beherrscht" werden. Selbst innerhalb des Bereichs Textilmaschinen, um ein Beispiel herauszugreifen, ist in der Regel eine Spezialisierung auf bestimmte Typen notwendig. Die immer komplizierter werdende Technik hat zur Gründung von Ingenieurfirmen geführt, deren Geschäftszweck es ist, ganze Anlagen in den Entwicklungsländern zu projektieren. Dem Exporthandel ist in diesen Firmen teilweise Konkurrenz erwachsen; in vielen Fällen kam es allerdings zu einer fruchtbaren Zusammenarbeit zwischen diesen „Engineering"-Firmen und den Niederlassungen des Exporthandels. Immer mehr Exporthandelsunternehmen gliedern sich eigene Engineering-Abteilungen für Beratung und Projektierung an.

— Im Export nimmt der Anteil des Kommissionsgeschäfts zu. Immer mehr Firmen übernehmen auf Kommissionsbasis Fabrikvertretungen.

3. Unternehmenspolitische Umorientierung

Ursache dieser Entwicklung ist insbesondere die gerade in Entwicklungsländern häufig anzutreffende reservierte Haltung vieler Abnehmer gegenüber dem Handel. Man will die Handelsspanne des Exporteurs einsparen und glaubt, durch direkte Geschäftsbeziehungen zum Produzenten niedrigere Preise erzielen zu können. In einigen Ländern wird zusätzlich durch administrative Vorschriften die Entwicklung zum Direktgeschäft gefördert. Der Exporthandel hat sich dieser Entwicklung insofern angepaßt, als er selbst (entweder mit dem deutschen Stammhaus oder der Auslandsniederlassung direkt) immer häufiger als „Vertreter" der Industrie auftritt, d. h. im Namen und auf Rechnung des Lieferanten agiert. Der Anteil des Fremdgeschäfts am Exportumsatz nimmt zu, der Anteil des Eigengeschäfts geht zurück.

— Es ist eine zunehmende Verselbständigung der Auslandsniederlassungen gegenüber ihren Stammhäusern in Deutschland zu beobachten. Ein immer größerer Teil der Geschäfte wird direkt zwischen Lieferant und Auslandsniederlassung abgewickelt; vielfach tritt das Stammhaus dem Kunden gegenüber gar nicht in Erscheinung, es sorgt jedoch meist für Koordinierung und Finanzierung. Die Auslandsniederlassungen sind auf diese Weise beweglicher und können sich den individuellen landesspezifischen Gegebenheiten und Bedürfnissen leichter anpassen bzw. dort bestehende Chancen besser ausnützen. Zahlreiche Niederlassungen deutscher Handelshäuser in Entwicklungsländern betätigen sich auch als Binnengroßhändler. Vielfach importieren sie aus Drittländern, mit denen das Stammhaus in Deutschland keine Geschäftsbeziehungen unterhält, oder exportieren Produkte des Entwicklungslandes, in dem sie ihren Sitz haben, in andere Entwicklungsländer.

Auch auf der Importseite zeigt sich eine Verschiebung der Akzente in der Funktionserfüllung. Diejenigen Firmen, die ihre Stellung halten konnten, sind wesentlich marketingbewußter geworden. Auf der Absatzseite erfolgt eine Anpassung an die höher und differenzierter werdenden Wünsche der Verbraucher und Verwender. Gleichzeitig wird versucht, den Absatz durch bewußt verkaufsfördernde Maßnahmen wie Schaffung eines speziellen Produktimage, Beteiligung an Gemeinschaftswerbungen zu stimulieren. Grundlage hierfür bilden vielfach eingehende Marktanalysen. Auf den Beschaffungsmärkten nimmt der Importhandel in verstärktem Maße Einfluß auf die Produktion, indem er durch Beratung und Unterweisung zu einem marktgerechten Angebot beiträgt, exportfähige Produkte aufspürt und sie durch entsprechende Aufbereitung bedarfsgerecht macht.

II. Aktivitätsrahmen und Funktionsbild

Die geschilderte Veränderung der Markt- und Konkurrenzverhältnisse auf den Weltmärkten und die unternehmenspolitischen Reaktionen der Firmen hierauf haben keineswegs dazu geführt, einen einheitlichen Typ des Übersee-Handelshauses zu prägen. Gegenüber der Vorkriegszeit ist die Vielfalt von Handelstypen vielmehr noch größer geworden. Die Handelshäuser haben den veränderten Rahmenbedingungen je nach den speziellen sozio-ökonomischen oder politischen Bedingungen, die im jeweiligen Partnerland herrschen, und je nach dem wirtschaftlichen Entwicklungsstand in unterschiedlicher Weise Rechnung getragen. Diese Differenziertheit moderner Funktionserfüllung wird aus den im Anhang dargestellten „Firmenbildern" deutlich[4].

---

[4] Vergleiche S. 46 ff.

III. Bedeutung und Aktivitätsbreite des Ein- und Ausfuhrhandels im Warenverkehr mit Entwicklungsländern

1. Der Anteil des Ein- und Ausfuhrhandels am Handel mit Entwicklungsländern

Eine Quantifizierung des Anteils des selbständigen Ein- und Ausfuhrhandels am Warenverkehr mit Entwicklungsländern ist mit amtlichen statistischen Daten nicht möglich. Für eine Reihe wichtiger Warengruppen konnte jedoch das Marktgewicht des Außenhandels größenordnungsmäßig — getrennt nach Import und Export — durch Befragungen bei zahlreichen Außenhandelshäusern ermittelt werden. Die hierbei festgestellten Anteilssätze sind in Tab. 1 dargestellt. Über eine Gewichtung der Produktgruppen-Anteile läßt sich auch die Gesamtbedeutung des Ein- und Ausfuhrhandels im Handel mit Entwicklungsländern in etwa abgreifen. Von den Einfuhren aus Entwicklungsländern werden rd. 80 % vom selbständigen Einfuhrhandel getätigt. Der Export in die Entwicklungsländer dürfte zu 20—25 % über den institutionellen Exporthandel gehen. Am gesamten wertmäßigen Außenhandel der BRD mit Entwicklungsländern ist der selbständige Ein- und Ausfuhrhandel somit zu rd. der Hälfte beteiligt.

Der so ermittelte Anteilssatz ist nur als statistische Größe zu verstehen, die auf das Eigengeschäft der Außenhändler abhebt. Der Handel nimmt aber in erheblichem Umfang und in wesentlich stärkerem Maße als früher neben dem Eigengeschäft die Funktion eines selbständigen Vertreters mit intensiven qualitativen Aufgaben, wie der Erfüllung von Beratungs- und Servicediensten, wahr. Die Umsätze aus diesen Vertretungsgeschäften werden jedoch von den Herstellern und nicht von den beteiligten Außenhandelsfirmen fakturiert und daher nicht dem Handel, sondern der Industrie zugerechnet, obgleich der Handel auch in diesem Falle nahezu alle Eigenhändlerfunktionen erfüllt. Hinzu kommt, daß die Eigenumsätze des Außenhandels nicht den Gesamtumsatz dieser Firmen repräsentieren, da sie nur die direkt nach dem Ausland fakturierten Exporte betreffen. Vielfach schließen die Niederlassungen in Übersee direkt Geschäfte mit deutschen Herstellern ab. Auch wenn hierbei die Geschäftsabwicklung von der deutschen Mutterfirma übernommen wird, werden solche Ausfuhren nicht als Umsatz des Handels, sondern als Direktexport der Industrie ausgewiesen. Bucht man diese Art von Geschäften sowie die auf Provisions-

Tabelle 1: Der Anteil des selbständigen institutionellen Ein- und Ausfuhrhandels am Warenverkehr mit Entwicklungsländern im Jahre 1970

(Schätzwerte nach Firmenangaben in %)

Warengruppe	Export	Warengruppe	Import
Eisen und Stahl, NE-Metalle	50—60	Getreide und Futtermittel	60—70
Maschinen, maschinelle Ausrüstungen sowie kleine u. mittlere techn. Anlagen	40	Obst und Südfrüchte	100
Fahrzeuge	15	Kaffee, Kakao	40
KFZ-Ersatzteile und -Zubehör	40—50	Tee	80
Werkzeuge	40—50	Gewürze	80—90
Eisen- und Metallwaren	60—70	Tabak	90
Schneidwaren	70—80	Konserven	70—80
Technischer Bedarf	30—40	Tropische Hölzer	40—50
Pumpen und Elektromotoren usw.	50—60	Ätherische Öle	70—80
Stromerzeugungsaggregate	5—10	Rohgummi	90
Wissenschaftliche Instrumente	50	Häute, Felle, Därme	90
Optische u. elektrotechn. Geräte	60	Tierhaare, Bettfedern, Perücken usw.	90—100
Chemikalien	60—70	Wolle	100
Papier und Pappe	30—40	Garne	70—80
Leder und Textilwaren	30—40	Textilien und Schuhe	80

Quelle: Erhebung des Ifo-Instituts.

basis vermittelten Umsätze auf das Konto des selbständigen Exporthandels, so ergibt sich, daß die ökonomische Bedeutung des selbständigen Ein- und Ausfuhrhandels im Entwicklungsländergeschäft noch höher zu veranschlagen ist, als es in der ausgewiesenen „Rechengröße" zum Ausdruck kommt.

2. Die Bedeutung des Handels mit Entwicklungsländern bei den befragten Außenhandelsfirmen

Die im Rahmen der persönlichen Erhebung angesprochenen typischen Außenhandelsfirmen betätigen sich überwiegend sowohl im Import- als auch im Exportgeschäft. Soweit eine Spezialisierung auf eine der beiden Geschäftsarten vorliegt, spielt der reine Exporteur eine größere Rolle als der ausschließliche Importeur (vgl. Tab. 2).

Vom Gesamtumsatz aller erfaßten Unternehmen entfallen 43 % auf Importe und 57 % auf Exporte. Das Entwicklungsländergeschäft spielt bei den befragten Firmen eine große Rolle. Annähernd die Hälfte der Importe (rd. 47 %) kommt aus Entwicklungsländern. Von den Ausfuhren der Firmen gehen gar nahezu zwei Drittel (gut 63 %) in die Entwicklungsländer. Mißt man das Entwicklungsländergeschäft der Außenhandelshäuser an ihrem Gesamtumsatz, so ergibt sich hinsichtlich des Importes ein Anteil von rd. 20 %, für die Exporte ein Anteil von 36 %. Weit über die Hälfte der gesamten Geschäftstätigkeit der Firmen bezieht sich somit auf die Zusammenarbeit mit Entwicklungsländern.

Tabelle 2
Art der Außenhandelstätigkeit

Geschäftsart	Von den befragten Firmen betätigen sich
Ausschließlich als Importeure	8
Ausschließlich als Exporteure	16
Sowohl als Importeure als auch als Exporteure	31
Insgesamt	55

Quelle: Erhebung des Ifo-Instituts.

Betrachtet man den Umfang der Geschäftstätigkeit der einzelnen erfaßten Firmen mit Entwicklungsländern, so zeigt sich auf der Exportseite, daß über die Hälfte der Häuser den weitaus überwiegenden

III. Bedeutung und Aktivitätsbreite

Teil der Aktivitäten auf diese Länder konzentriert. Die meisten dieser Firmen (15) exportieren sogar ausschließlich in Entwicklungsländer. Auf der Importseite ergibt sich naturgemäß ein etwas anderes Bild. Da sich die Handelshäuser vielfach auf bestimmte Warengruppen spezialisiert haben, die nur von bestimmten Ländern bzw. Ländergruppen angeboten werden, liegt ihr Betätigungsschwerpunkt — z. B. bei tropischen Produkten — in Entwicklungsländern oder — z. B. bei industriellen Fertigwaren — in Industrieländern.

Tabelle 3
Aufgliederung der Zahl der befragten importierenden und exportierenden selbständigen Außenhandelsfirmen nach dem Prozentanteil ihrer Umsätze mit Entwicklungsländern

Umsatzanteil in %	beim Import	beim Export
Unter 20	14	6
20 bis unter 50 ..	4	6
50 bis unter 80 ..	7	10
80 und mehr	12	24

Quelle: Erhebung des Ifo-Instituts.

3. Die Betätigungsbreite der Handelshäuser hinsichtlich der Zahl der Partnerländer und der Niederlassungen

Die Ermittlungen bei einer Reihe führender Außenhandelshäuser zeigten, daß sich die Aktivitäten im Exportgeschäft beim weitaus überwiegenden Teil der Firmen auf eine große Zahl von Entwicklungsländern konzentrieren. Nur selten wird lediglich mit einem oder gar keinem Entwicklungsland zusammengearbeitet.

Auch auf der Importseite gibt es Handelshäuser, die hinsichtlich der Zusammenarbeit mit Entwicklungsländern weltweit orientiert sind. Ein Großteil der Firmen bezieht aus einer Vielzahl von Ländern. Andere Unternehmen unterhalten — meist aus produktspezifischen Gründen — nur zu einer kleineren Zahl von Entwicklungsländern, jedoch sehr selten nur mit einem einzigen, Geschäftsbeziehungen.

Ein anschauliches Bild über die Breitenarbeit der deutschen Exporteure läßt sich beispielhaft für den Eisen- und Metallwarenbereich vermitteln. Nur knapp 20 % haben Geschäftsbeziehungen zu einem oder zwei Entwicklungsländern. Die übrigen 80 % bearbeiten drei und mehr Länder.

3. Betätigungsbreite der Handelshäuser

Tabelle 4

Zahl der durch die deutschen Exporteure von Eisen- und Metallwaren bearbeiteten Entwicklungsländer (nach Erdteilen)

Erdteil	Zahl der Firmen	Zahl der Firmen mit Geschäftsbeziehungen zu ... Ländern				Zahl der Länderkontakte insgesamt
		1—2	3—4	5—10	mehr als 10	
Afrika	33	10	11	8	4	164
Amerika	32	3	9	13	7	263
Asien	35	5	6	13	11	233
Insgesamt	100	18	26	34	22	660

Quelle: Zustammenstellung anhand eines Verzeichnisses der Exporteure von Eisen- und Metallwaren; herausgegeben von der Arbeitsgemeinschaft Exportföderung im Bundesverband der Exporteure von Eisen- und Metallwaren e. V.

Der Handelsverkehr mit Entwicklungsländern erfordert in besonderem Maße lokale Dauerpräsenz in Form von Niederlassungen, die vom rechtlich selbständigen Tochterunternehmen über die unselbständige Zweigniederlassung bis zu kleineren, mit eigenen Vertretern oder Delegierten besetzten, Büros reichen. Mit diesem abgestuften System, das auf die jeweiligen lokalen Anforderungen abgestimmt ist, erfolgt die Funktionserfüllung in flexibler Weise.

Von den 55 befragten typischen Handelshäusern werden insgesamt 210 Niederlassungen im oben definierten Sinne in Entwicklungsländern aller Kontinente unterhalten. Das Schwergewicht liegt hierbei in Asien, daneben in Mittel- und Südamerika. Der afrikanische Kontinent tritt demgegenüber etwas in den Hintergrund; fast zwei Drittel der hier etablierten Niederlassungen wurden überwiegend in der Nachkriegszeit bis 1960 gegründet. In den letzten Jahren sind nur noch relativ wenige neue Niederlassungen hinzugekommen. Vereinzelt wurden auch bestehende Niederlassungen aufgelöst, wofür nach Firmenangaben in erster Linie politische Umstände ausschlaggebend waren. Auch im mittel- und südamerikanischen Raum haben die erfaßten Firmen ihre Niederlassungen überwiegend bereits vor 1960 errichtet; in zahlreichen Fällen bestand schon in der Vorkriegszeit eine Präsenz in diesen Ländern. Im asiatischen Raum dagegen wurde die Präsenz großenteils erst in den zurückliegenden zehn Jahren erheblich verstärkt. Über ein Viertel der Niederlassungen wurden erst in den letzten Jahren gegründet.

III. Bedeutung und Aktivitätsbreite

Tabelle 5

Aufteilung der Zahl der Niederlassungen[a] der befragten Außenhandelsfirmen nach Kontinenten sowie dem Jahr ihrer Errichtung

Erdteil	Zahl der Niederlassungen			
	insgesamt	davon errichtet		
		vor 1960	1960—1965	nach 1965
Afrika	39	25	9	5
Amerika	78	47	17	14
Asien	93	42	27	24
Insgesamt	210	114	53	43

a) Unter Niederlassung wird hier jede institutionalisierte Form der Erfüllung von Handelsfunktionen verstanden. In diesem Sinne zählen auch lokale Delegierte deutscher Handelshäuser mit einem eigenen Büro als Niederlassung.
Quelle: Erhebung des Ifo-Instituts.

Der weitaus größte Teil — rd. 80 % — der befragten deutschen Handelshäuser ist mit eigenen Niederlassungen in den Entwicklungsländern vertreten. Im Durchschnitt unterhalten diese Firmen fünf Niederlassungen. Bei einem beachtlichen Teil der Firmen ist die Zahl der Niederlassungen aber weit höher. Sie geht im Einzelfall bis zu 30 lokalen Stützpunkten.

Von den insgesamt befragten 41 Außenhandelsfirmen mit Niederlassungen in Entwicklungsländern hatten

    8 je 1 Niederlassung
    6 je 2 Niederlassungen
    6 je 3 Niederlassungen
    5 je 4 Niederlassungen
    5 je 5 Niederlassungen
  11 je 6 und mehr Niederlassungen.

IV. Die Leistungen des Ein- und Ausfuhrhandels für die wirtschaftliche Entwicklung der Partnerländer

1. Die besondere Bedeutung der Mittlerfunktion des Ein- und Ausfuhrhandels für Entwicklungsländer

Während in den hochentwickelten Industrieländern die wesentliche Rolle, die der Handel, insbesondere auch der Großhandel, im Rahmen der arbeitsteiligen Wirtschaft spielt, kaum mehr bestritten wird, ist in Entwicklungsländern — vor allem bei Regierungsstellen und Verwaltungsbehörden — häufig eine sehr negative Einstellung anzutreffen. Im privaten — vor allem ausländischen — Handel wird vielfach ein verteuerndes, unproduktives Zwischenglied gesehen, auf das man verzichten könne, ohne daß sich negative Auswirkungen ergeben würden. Bei objektiver Betrachtung des weit gefächerten Leistungsbündels des Ein- und Ausfuhrhandels zeigt sich jedoch, daß eine solche Beurteilung an der Realität vorbeigeht.

Die besondere Bedeutung der Überbrückungsfunktion des Ein- und Ausfuhrhandels ergibt sich bereits aus dem unterschiedlichen Entwicklungsstand zwischen Industrieländern auf der einen und Entwicklungsländern auf der anderen Seite. Soweit es sich um die Lieferung von Waren in die Entwicklungsländer und hierbei in erster Linie um Produktionsgüter handelt, sind die Käufer durchweg relativ junge Industrien ohne ausreichende Erfahrungen und Kenntnisse über die Möglichkeiten des Bezugs der geeigneten Produktionsmittel auf den Weltmärkten. Der marktkundige Handel ist in der Lage, aus dem umfassenden und differenzierten Angebot der BRD und anderer Industrieländer die für das jeweilige Entwicklungsland und das gegebene Projekt geeigneten Erzeugnisse auszuwählen und — wo nötig — zu einem verwendungsgerechten Produktprogramm zusammenzustellen.

Naturgemäß fallen bei der Erfüllung einer derartigen Überbrückungsfunktion, die zudem mit einer Reihe von anderen Leistungen (Beratung, Montage, Service, Lagerhaltung, Kreditgewährung) gekoppelt ist, Kosten an. Im Falle der Nichteinschaltung des Handels würden diese Kosten bei den Abnehmern selbst anfallen und in der Regel noch höher sein. Beim Handel verteilen sich nämlich die fixen Aufwendungen auf zahlreiche Geschäftsabschlüsse. Dabei ist zu berücksichtigen, daß die Erfahrungen und die Marktübersicht des Handels auch durch noch so großen finanziellen Aufwand kurzfristig nicht kompensiert werden können.

Soweit ein Entwicklungsland als Lieferland auftritt, obliegen dem Handel ebenfalls wesentliche Funktionen, die von anderen Institutionen nicht in der gleichen Art und Intensität erfüllt werden können. Abgesehen von der Mengenumgruppierung, d. h. der Zusammenfassung kleiner Partien zu marktgerechten Mengen, kommt auch hier der Marktkenntnis des Handels entscheidende Bedeutung zu. Sie ist Voraussetzung für eine nachhaltige Förderung des Absatzes in den Abnehmerländern, hauptsächlich in den wegen ihrer Kaufkraft besonders interessanten Industrieländern. Bei dem dort erreichten hohen Sättigungsgrad, der für nahezu alle Produkte aus Entwicklungsländern erreicht ist, läßt sich ohne intime Marktkenntnis und die Nutzung der jahrzehntelang bestehenden Verbindungen zu den Vermarktungsorganisationen in diesen Ländern, die erforderliche intensive Marktbearbeitung nicht durchführen. Direkt vermarktende Absatzgesellschaften der Lieferländer haben hier kaum Chancen.

2. Die spezifischen entwicklungspolitischen Leistungen

Bei der Bewertung der besonderen entwicklungspolitischen Leistungen deutscher Ein- und Ausfuhrhäuser ist grundsätzlich davon auszugehen, daß es sich dabei in der Regel um Nebeneffekte einer naturgemäß kommerziell ausgerichteten Tätigkeit handelt. Dies mindert in keiner Weise den Wert dieser Leistungen. Für das Entwicklungsland ist es allein von Bedeutung, ob, in welcher Hinsicht und in welchem Maße sich die Aktivitäten des deutschen Ein- und Ausfuhrhandels positiv auf die Entwicklung der Wirtschaft und des Lebensstandards auswirken. Es sind vor allem qualitative Leistungen, die nicht in Maßeinheiten ausdrückbar sind und daher vielfach in ihrer Bedeutung unterschätzt werden.

a) Impulswirkung für die Wirtschaft

Für das Entwicklungsniveau und den Lebensstandard eines Landes ist das Ausmaß der wirtschaftlichen Aktivität innerhalb der Volkswirtschaft und das Ausmaß der Zusammenarbeit mit anderen Ländern von entscheidender Bedeutung. In beiden Fällen trägt der im Entwicklungsländergeschäft tätige Ein- und Ausfuhrhandel in erheblichem Maße zur Belebung bei, indem er durch intensive Marktdurchleuchtung Bezugs- und Absatzmöglichkeiten aufspürt, Erzeuger und potentielle Abnehmer zusammenführt sowie durch Beeinflussung der Erzeugung und Abstimmung von Angebot und Nachfrage eine Erhöhung des Geschäftsvolumens induziert.

2. Die spezifischen entwicklungspolitischen Leistungen

Für die Vermarktung von Produkten aus Entwicklungsländern hat der Einfuhrhandel immer wieder Pionierleistungen vollbracht. Auch aus den letzten Jahren lassen sich markante Beispiele anführen, die zeigen, in welch starkem Maße Handelsunternehmen die wirtschaftliche Entwicklung eines Landes gefördert haben. So war ein Hamburger Handelshaus maßgeblich am Aufblühen Hongkongs als Lieferant von Textilerzeugnissen mitbeteiligt. Das Unternehmen hatte frühzeitig erkannt, daß hier ein interessanter Bezugsmarkt erschlossen werden konnte. Die von der Rohstoff- und Lohnkostenseite her gegebenen außerordentlich günstigen Voraussetzungen konnten jedoch nur dadurch in einen Markterfolg umgesetzt werden, daß das Handelshaus einer Vielzahl kleiner Hersteller die nötigen Detailkenntnisse über die auf dem deutschen Markt erforderliche Produktbeschaffenheit vermittelte und durch ständige Kontrollen den gewünschten Qualitätsstandard erreichte. Den Fabrikanten von Fertigkleidung wurden im Detail Anweisungen über die zu verwendenden Accessoires wie Futterstoffe und Knöpfe gegeben. Das gesamte Produktions- und Verkaufsprogramm wurde somit von der deutschen Importfirma gestaltet. Diese Pioniertätigkeit ermöglichte es, die Produktion von Standardware in großem Stil aufzuziehen und den Export dieser Produkte sprunghaft zu erhöhen. Auf diesem Gebiet arbeiten die Hongkong-Produzenten mittlerweile direkt mit Großabnehmern in der BRD (Waren- und Kaufhausunternehmen) zusammen. Das Außenhandelshaus ist dazu übergegangen, ein spezielles Marketingprogramm mit eigenem Markennamen für modische Strickwaren zu entwickeln und dafür die geeigneten Produzenten aufzuspüren und anzuleiten. Damit wird für Hongkong ein neuer Markt erschlossen, der bisher alleinige Domäne führender Modeländer war.

Zahlreich sind die Fälle auf dem Gebiet der Naturprodukte, in denen der Handel zu einer Ausweitung der Wirtschaftstätigkeit in Entwicklungsländern beitrug, indem er exportgeeignete Produkte aufspürte und sie exportfähig machte. Beispielsweise hat ein deutsches Handelshaus in mehreren Landesteilen von Afghanistan Erfassungs- und Bearbeitungsbetriebe für Felle und Därme eingerichtet. Die Initiative der deutschen Firma hat dazu geführt, daß die früher unzulängliche Qualität der afghanischen Produkte allenthalben gestiegen ist, weil die rationellen Methoden der deutschen Firma im ganzen Land Schule gemacht haben. Die Exportkraft des Landes ist dadurch erheblich gestiegen; zahlreiche Länder beziehen mittlerweile Häute und Felle aus Afghanistan[1].

---

[1] Vergleiche hierzu auch Amt für Wirtschaft der Freien und Hansestadt Hamburg: Memorandum zur Notwendigkeit und Zweckmäßigkeit der Förde-

IV. Leistungen des Ein- und Ausfuhrhandels

Auf Initiative eines deutschen Handelshauses wurde in einem afrikanischen Staat eine Kaffeewaschanlage errichtet. Dadurch war es möglich, die jahrelang nicht genutzten Ernten wildwachsenden Kaffees abzusetzen. Die Firma hatte herausgefunden, daß der wildwachsende Kaffee dieses Landes gut als Blender für südamerikanische Kaffeesorten verwendbar ist. Nachdem durch die Waschanlage der Kaffee marktgängig gemacht worden war, stieg der Export innerhalb weniger Jahre von 0 auf 30 Mill. DM an.

Vor einigen Jahren errichtete ein Handelshaus in einem mittelafrikanischen Staat eine Entölungsanlage für Baumwoll-Linters. Dadurch gelang es, Exportmöglichkeiten für ein Produkt zu schaffen, das bisher als Abfallprodukt galt. Diese Investition führte zu einem langfristigen Exportgeschäft, das die angespannte Devisensituation des Landes zu verbessern half.

Zu einer entscheidenden Verbesserung der Exportsituation haben für eine Reihe von Bananenanbauländern — vor allem mittelamerikanischer Provenienz — die Marketingbemühungen der großen Fruchtimporthäuser geführt. Die Banane wurde von einem anonymen Naturprodukt zu einem Markenprodukt gemacht. Eine entscheidende Rolle spielten hierbei die mit der United Fruit Company zusammenarbeitenden deutschen Importeure. Andere Handelshäuser schlossen sich diesen Bemühungen an. Unter großem Werbeaufwand wurden Markennamen wie Chiquita, Bajella, Onkel Tuca und Columbina zu einem Begriff für den Verbraucher gemacht. Eine Markenpolitik dieser Art setzt eine lückenlose Qualitätskontrolle vom Erzeuger bis zum Verbraucher sowie die kontinuierliche Lieferung gleichbleibender Qualitäten in großen Mengen voraus. Nur durch Abschluß langfristiger Anbau- und Lieferverträge lassen sich diese Bedingungen erfüllen[2].

Als entwicklungsfördernd muß auch die vom Bundesverband des Deutschen Groß- und Außenhandels in jüngster Zeit errichtete Kontaktstelle zur Förderung der Einfuhr aus Entwicklungsländern angesehen werden. Im einzelnen hat sich diese Institution u. a. folgende Aufgaben gestellt:

— Sammlung von Produktions- und Handelsanregungen, von Exportofferten aus Entwicklungsländern sowie Weiterleitung der Offerten an interessierte Importfirmen.

---

rung von Auslandsniederlassungen kleiner und mittlerer Unternehmen, insbesondere von deutschen Handelshäusern in Entwicklungsländern, Hamburg, September 1970.

[2] Vergleiche hierzu auch *Laumer*, H. und E. *Greipl*: Die Absatz- und Vermarktungsmöglichkeiten von Produkten aus den AASM-Ländern in der BRD, Ifo-Institut für Wirtschaftsforschung, München 1969.

2. Die spezifischen entwicklungspolitischen Leistungen

— Beratung der ausländischen Exporteure hinsichtlich geeigneter Absatzwege und Marketingfirmen.
— Vermittlung von Ausbildungsmöglichkeiten.

Auch auf der Exportseite tragen die Aktivitäten deutscher Handelshäuser dazu bei, den wirtschaftlichen Fortschritt der Entwicklungsländer zu fördern. Bei dem Bemühen, die Märkte der Entwicklungsländer für Erzeugnisse der Industrieländer zu erschließen, stehen in der Regel nicht kurzfristige, sondern langfristige Absatzinteressen der Lieferanten im Vordergrund und damit auch die Entwicklungsinteressen des Landes selbst. Zahlreiche Handelshäuser mit Niederlassungen oder Tochterunternehmen in Entwicklungsländern, die seit Jahrzehnten finanziell und personell in diesen Ländern engagiert sind, haben sich weitgehend mit den Interessen dieser Länder identifiziert und sind oft mehr Interessenvertreter der Wirtschaft dieser Länder als Vertreter der individuellen Lieferinteressen bestimmter Hersteller. Zudem sind die Handelshäuser in ihrer Geschäftspolitik sehr langfristig orientiert, d. h. man richtet sich nicht nur auf einmalige Geschäfte ein, sondern auf dauerhafte und in ihrem Volumen wachsende Geschäftsbeziehungen, was nur dadurch möglich ist, daß den Kunden echte Problemlösungen geboten werden.

In einigen Entwicklungsländern, so z. B. in Pakistan, übt der Handel in starkem Maße eine Selektionsfunktion insofern aus, als er bei Investitionsvorhaben kleinerer einheimischer Firmen genau prüft, ob vom Markt und von der Person des Investors her die Voraussetzungen für eine erfolgversprechende Investition gegeben sind. Der Handel scheut sich nicht, bei einem negativen Ergebnis dieser Prüfung von der Investition abzuraten und auf ein mögliches Geschäft zu verzichten. Nicht selten wird das Interesse des Investors auf erfolgversprechendere Projekte umgeleitet. Wird eine Investition als sinnvoll erkannt, so beschränkt sich die Tätigkeit des Handels nicht auf den Verkauf der erforderlichen Maschinen, Anlagen und Einrichtungsgegenstände, es wird vielmehr in der Regel eine detaillierte technische und ökonomische Projektlösung geboten.

b) Direkte und induzierte Investitionen

Aus den obigen Ausführungen wurde bereits deutlich, daß Direktinvestitionen des Handels vielfach Voraussetzung dafür sind, die Markterschließungsfunktionen in der angestrebten Weise erfüllen zu können. Der Handel hat in den zurückliegenden Jahren in zahlreiche neue Niederlassungen erhebliche Beträge investiert. Dabei handelt es sich keineswegs allein um die Errichtung von Ein- und Verkaufsbüros, sondern in beträchtlichem Umfange um die Schaffung von Lagerkapazitäten, Veredelungs-, Aufbereitungs- und Montageanlagen sowie Reparaturwerkstätten. Die Firmenbilder[3] enthalten zahlreiche Beispiele hierfür.

In vielen Fällen haben deutsche Handelshäuser auch Produktionsbetriebe errichtet bzw. sich an solchen beteiligt. Diese Produktionsbetriebe dienen zum Teil der Verarbeitung und Veredelung von Landesprodukten, zum Teil ersetzen sie den Import bestimmter Erzeugnisse. Im ersten Fall erhöhen sie den Wert der Exportgüter und damit auch die Deviseneinnahmen, im zweiten Fall tragen sie — vom beschäftigungspolitischen Effekt abgesehen — dazu bei, Devisen einzusparen. Aus der Fülle der Beispiele seien nur einige herausgegriffen.

In Brasilien haben deutsche Kaffeehandelsfirmen eine Fabrik für löslichen Kaffee errichtet. In Äthiopien wurde vom Handel eine Kaffeeplantage angelegt. Aus der Generalvertretung für den Import deutscher Lastwagenanhänger und Sattelauflieger für Zugmaschinen nach Nigeria ist ein Produktionsbetrieb entstanden. In Tansania entwickelte sich aus einer deutschen Handelsniederlassung, die Schuhe und später Schuhmaschinen importierte, eine Schuhfabrik. Ein ähnliches Beispiel läßt sich für Nigeria anführen. Ein Hamburger Handelshaus, das Schuhe und Sandalen nach Nigeria exportierte, hat — nachdem Importerschwerungen drohten — durch Vermittlung der Deutschen Entwicklungsgesellschaft in Lagos eine Schuh- und Sandalenfabrik gegründet, die heute rd. 50—60 Einheimische beschäftigt. Der deutsche Produzent, den das Handelshaus vordem in Nigeria vertreten hatte, hat sich finanziell beteiligt, die technische Planung durchgeführt, das technische Führungspersonal gestellt und sein Markenzeichen eingebracht. Den inländischen Vertrieb übernahm eine einheimische Firma, die aus einer Schuhwerkstätte hervorging und die über ein Darlehen der DEG an der Produktionsgesellschaft selbst beteiligt ist.

Nicht übersehen werden dürfen die zum Teil außerordentlich umfangreichen, von den Handelshäusern induzierten Folgeinvestitionen. Hierzu gehört beispielsweise die Schaffung von entsprechenden Produktionskapazitäten dort, wo es dank der Aktivitäten des Handels gelungen ist, Absatzmärkte für Landesprodukte zu schaffen. Dies wiederum macht die Gründung von Zuliefer- und Hilfsbetrieben und staatliche Infrastrukturinvestitionen (Verkehrswege, Energieanlagen) erforderlich.

---

[3] Vergleiche Anhang.

c) Beschäftigungs- und sozialpolitische Effekte

Unter entwicklungspolitischen Gesichtspunkten kommt auch der Beschäftigung von einheimischen Arbeitnehmern durch deutsche Handelshäuser eine gewisse Bedeutung zu. Je nach dem Umfang der Funktionserfüllung reicht die Beschäftigtenzahl von einigen wenigen bis zu mehreren hundert Kräften. Wenn dies, auf die Gesamtbeschäftigung des Landes bezogen, auch kaum ins Gewicht fällt, so können die Handelsfirmen als Arbeitgeber im lokalen Rahmen durchaus Bedeutung haben.

Die insgesamt über 200 Niederlassungen der im Rahmen dieser Studie untersuchten Handelshäuser beschäftigen rd. 8 500 Personen, darunter nahezu 7 900 einheimische Kräfte. Der durchschnittliche Personalbestand je Niederlassung bzw. Tochtergesellschaft liegt damit bei rd. 40 Kräften. In immer stärkerem Maße werden auch einheimische Arbeitskräfte zu anspruchsvolleren Tätigkeiten herangezogen. Nicht selten nehmen sie bereits leitende Positionen ein.

Die deutschen Außenhandelsfirmen haben — neben der Industrie — in sozialpolitischer Hinsicht vielfach neue Maßstäbe in Entwicklungsländern gesetzt. Die Ermittlungen im Rahmen dieser Untersuchung bei einer großen Zahl von Außenhandelsniederlassungen haben ergeben, daß das Lohnniveau überdurchschnittlich hoch und die betriebliche Sozialpolitik im Vergleich mit dem landesüblichen Standard sehr fortschrittlich ist. Teilweise werden von den Unternehmen im Krankheitsfall die anfallenden Kosten ganz oder teilweise übernommen, oder es werden für den Arbeitnehmer Kranken- oder Unfallversicherungen abgeschlossen. Einige der befragten Unternehmen haben eine betriebliche Altersversorgung für ihre Mitarbeiter aufgebaut, zahlen Gratifikationen und ein dreizehntes Monatsgehalt.

Von besonderer Wichtigkeit für den wirtschaftlichen Aufschwung der Entwicklungsländer ist die Ausbildung von Arbeitskräften auf kaufmännischem und technischem Gebiet. Hierzu leisten die Handelshäuser einen wesentlichen Beitrag. Die Ausbildung erfolgt hierbei im wesentlichen auf fünf Wegen:

— Ausbildung im Rahmen des täglichen Geschäftsbetriebes bzw. der Abwicklung einzelner Projekte.

— Entsendung der Mitarbeiter auf Kurse, Vortrags- und Ausbildungsveranstaltungen im Land.

— Ausbildung des eigenen Personals und des Personals der Kunden in eigenen Lehrwerkstätten und Schulungsveranstaltungen.

— Ausbildung des Personals der Kunden an deren Arbeitsplatz durch Fachkräfte der Handelshäuser.

IV. Leistungen des Ein- und Ausfuhrhandels

— Ausbildung bei den Muttergesellschaften der Handelshäuser bzw. den vertretenen Industrieunternehmen in der BRD.

Die Ermittlungen bei den deutschen Handelshäusern und deren Niederlassungen in Entwicklungsländern haben ergeben, daß nicht selten alle aufgezeigten Wege beschritten werden. Generell ist die Tendenz zu beobachten, daß der Ausbildung im Entwicklungsland selbst immer mehr der Vorrang vor der Ausbildung in der BRD gegeben wird. Die Ausbildung im Ausland wird zwar in fachlicher Hinsicht besonders intensiv sein. Dem steht jedoch häufig als erheblicher Nachteil gegenüber, daß sich die entsandten Mitarbeiter nach ihrer Rückkehr nur schwer wieder in ihren heimischen Funktionsbereich eingliedern lassen.

d) Finanzierungshilfen

Warenkreditierung und Gewährung von Finanzierungshilfen sind wichtige Bestandteile des unternehmenspolitischen Instrumentariums des Außenhandels. Ihre Bedeutung ist im Handel mit Entwicklungsländern wegen des dort herrschenden chronischen Kapitalmangels und des ungleich höheren Risikos (politische Unsicherheiten, teilweise mangelnde Geschäftsmoral und unzureichende unternehmerische Qualifikation der Geschäftspartner) erheblich größer als im Außenhandel zwischen Industrieländern.

Die deutschen Importeure von Agrarprodukten gewähren häufig Erntevorschüsse an die Anbauer in Entwicklungsländern. Dies gilt in ganz besonderem Maße für Tabak. Beispielsweise bezahlen die deutschen Importeure an die brasilianischen Kleinbauern Vorschüsse bereits bis zu einem Jahr vor Ankunft der Ware in Deutschland. Dieser Finanzierungsmodus ermöglicht eine Verbreiterung der Produktionsstruktur auch auf kleine Anbauer. Früher war es üblich, den Tabak erst nach der Aufbereitung zu bezahlen. Bei diesem Finanzierungssystem ergaben sich für die Kleinbauern zum Teil erhebliche Liquiditätsschwierigkeiten.

Auch im Futtermittelgeschäft ist die Vorfinanzierung der Warenlieferungen üblich. Sie erfolgt durch Akkreditive mit Red-Clause, aber auch durch ungesicherte Vorkassenleistungen, die es den Exporteuren ermöglichen, den Aufkäufern und Farmern Finanzierungsmittel zur Verfügung zu stellen mit der Auflage, die Produkte in einem bestimmten Zeitraum anzuliefern.

Großes Gewicht für den wirtschaftlichen Aufbau der Entwicklungsländer hat die Finanzierungsleistung des deutschen Exporthandels. Zwar wird ein erheblicher Teil der Lieferungen auf Akkreditivbasis abgewickelt, bei dem das Risiko relativ begrenzt ist. Nicht immer ist jedoch diese Finanzierungsform möglich, vor allem nicht im technischen Geschäft, d. h. bei Lieferung von Maschinen und Anlagen. Hier kommt es häufig nur dann zu Geschäftsabschlüssen, wenn der Exporteur in der Lage ist, die Lieferungen zu finanzieren bzw. die entsprechende Finanzierung zu beschaffen. So werden beispielsweise von einem großen Exporteur von Stahl und technischen Anlagen im technischen Bereich 90 % aller Geschäfte mittel- und langfristig finanziert. Die mittelfristigen Kredite, die eine Laufzeit bis zu vier Jahren haben, machen rd. 70 % dieser Geschäfte aus, die langfristigen Kredite mit Laufzeiten von vier bis zu zehn Jahren etwa 30 %.

Besonders wichtig ist die Finanzierungsfunktion des Exporthandels in den Fällen, bei denen aus dem Angebotsprogramm verschiedener Hersteller ein „Paketangebot" gebildet wird. Hier will der Investor nicht mit mehreren Lieferanten getrennt über die Finanzierung verhandeln; er erwartet vielmehr die Finanzierung aus einer Hand und die Verhandlung mit einem Partner, dem Handelshaus.

e) Service und Lagerhaltung

Von wesentlicher Bedeutung für den wirtschaftlichen Aufbau der Entwicklungsländer ist die Sicherstellung eines funktionsfähigen Service für technische Anlagen und Geräte. Gerade in diesen Ländern besteht aber eine außerordentliche Knappheit an entsprechend ausgebildeten, zuverlässigem Personal. In seiner Funktion als ständiger Vertreter der Hersteller obliegt die laufende Wartung, die Ausführung von kleineren Reparaturen, Maschinenumstellungen etc. vielfach dem Handel. Die Wahrnehmung dieser Leistungen beschränkt sich keineswegs immer auf diejenigen Maschinen und Geräte, deren Lieferung er vermittelt hat, sie erstreckt sich auch auf Erzeugnisse, die auf anderem Wege ins Land gekommen sind. Der Handel führt den Service entweder mit eigenem Personal, häufig in eigenen Werkstätten oder in Zusammenarbeit mit lokalen Handwerksbetrieben durch. Nicht selten sind die Inhaber solcher Kontraktbetriebe ehemalige Mitarbeiter der Handelshäuser, die von diesen ausgebildet wurden und sich dadurch die nötigen Fachkenntnisse erworben haben. Auf diese Weise leistet der Handel auch einen Beitrag zur Herausbildung eines leistungsfähigen Reparatur- und Servicehandwerks.

In engem Zusammenhang mit der Servicefunktion steht die Lagerhaltung. Nur wenn die erforderlichen Ersatz- und Zubehörteile vorrätig sind, können längere und kostspielige Produktionsstörungen vermieden werden. Wegen der gerade in Entwicklungsländern besonders schwierigen und zeitraubenden Einfuhrverfahren können bei nicht ausreichender Lagerhaltung empfindliche Versorgungsengpässe auftreten. Dies gilt nicht nur für technische Ersatz- und Zubehörteile, sondern auch für andere Warengruppen, beispielsweise Chemikalien, die vom Handel an Hospitäler geliefert werden, oder technische Geräte für den privaten Gebrauch, wie Elektrogroßgeräte, Fotoartikel und optische Erzeugnisse. Bei Konsumgütern nehmen die deutschen Handelshäuser mit ihren nicht selten über das ganze Land verteilten Stützpunkten dem Einzelhandel einen Teil der Lagerhaltung ab. Die Auslieferung der Waren an die Abnehmer wird teilweise mit eigenen Transportmitteln der Außenhandelsfirmen durchgeführt, daneben arbeitet man mit privaten und staatlichen Transportunternehmen zusammen.

V. Risiken und Wettbewerbsnachteile des Ein- und Ausfuhrhandels im Handelsverkehr mit Entwicklungsländern

1. Politische Gegebenheiten in den Entwicklungsländern

a) Instabilität

Ein allgemeiner wesentlicher Risikofaktor für die Betätigung deutscher Handelshäuser in Entwicklungsländern ergibt sich aus der politischen Instabilität dieser Länder, die ihren Ausdruck in häufigen Regierungswechseln findet und die nicht selten auch mit einem abrupten Wandel der wirtschaftspolitischen Konzeptionen und Maßnahmen verbunden ist. Diese instabilen Verhältnisse erschweren es den Firmen, langfristige Dispositionen, vor allem Investitionsentscheidungen, zu treffen. Der unerwartete politische Umbruch in Chile ist kennzeichnend für das latent vorhandene Risiko.

b) Nationalisierung und Sozialisierung

In einer großen Zahl von Entwicklungsländern, vor allem denjenigen mit dem niedrigsten Entwicklungsstand und Lebensstandard, ist eine allgemeine Grundtendenz zur Nationalisierung und Sozialisierung zu beobachten. Die Regierungen sehen nur auf diesem Wege die Möglichkeit, sich aus herkömmlichen — zum Teil ausgesprochen feudalistischen — Gesellschaftsstrukturen zu lösen, um hierdurch die Voraussetzungen für eine schnellere wirtschaftliche Aufwärtsentwicklung des Landes unter Beteiligung aller Bevölkerungsschichten zu erreichen sowie den Einfluß der Bevölkerung eigener Nationalität zu erhöhen. Diese Ziele glaubt man durch straffe staatliche Lenkung und Kontrolle der Wirtschaftstätigkeit, insbesondere der ausländischen Unternehmen, erreichen zu können. Hierbei sind erhebliche graduelle Unterschiede hinsichtlich der Stärke der Eingriffe festzustellen. In ihrer schärfsten Form gipfeln sie in der Verstaatlichung bzw. Enteignung des Bankenapparates sowie von Industrie- und Handelsunternehmen. Ausländische Firmen sind hiervon zumeist besonders betroffen. Da in diesen Fällen in aller Regel keine adäquate Entschädigung erfolgt bzw. — soweit sie zugestanden wird — sich über meist unabsehbare Zeiträume erstreckt, ist das Risiko für die in diesen Entwicklungsländern ansässigen Handelshäuser außerordentlich hoch. Zahlreiche deutsche Handelshäuser konnten solchen restriktiven Maßnahmen teilweise dadurch entgehen, daß sie in eine enge kapital- und arbeitsmäßige Verflechtung mit einheimischen Firmen traten (Joint Ventures).

c) Diskriminierung wegen Zugehörigkeit zum kapitalistischen Lager

In engem Zusammenhang mit der in zahlreichen Entwicklungsländern zu beobachtenden Tendenz zur Nationalisierung und Sozialisierung steht die häufig zu beobachtende unterschiedliche Behandlung von Geschäftspartnern aus Ländern, die dem kapitalistischen Lager zugerechnet werden, und solchen aus sozialistischen Ländern. So bevorzugen vor allem Staatshandelsgesellschaften der Entwicklungsländer — sie haben vielfach Ein- und Ausfuhrmonopole — die Zusammenarbeit mit ähnlichen Organisationen in Ländern des Ostblocks, selbst wenn ökonomische Gründe für die Zusammenarbeit mit Firmen aus westlichen Industrieländern sprechen würden.

d) Bevorzugung von Firmen aus traditionellen Kolonialländern

Zahlreiche Entwicklungsländer gehörten lange Zeit zum kolonialen Einflußbereich großer europäischer Handelsnationen wie England und Frankreich. Sie haben sich zwar inzwischen politisch verselbständigt, doch sind Verwaltung und Wirtschaft nach wie vor stark von diesen ehemaligen Kolonialmächten geprägt. Weiterhin bestehen die alteingefahrenen Handelsverbindungen, die es den Firmen aus anderen Industrieländern erschweren, auf diesen Märkten stärker Fuß zu fassen. Zum Teil erfolgt auch von offizieller Seite eine Bevorzugung dieser alteingesessenen Handelshäuser. Dies ist vor allem bei den frankophonen AASM-Ländern der Fall. Für die deutschen Ausfuhrländer ist es vielfach nur möglich, über französische Handelshäuser in diese Länder zu exportieren bzw. aus diesen zu importieren, wodurch sich Handelskosten und Handelsspannen erhöhen und die Wettbewerbsfähigkeit sich entsprechend verschlechtert. Diskriminierenden Charakter nimmt die traditionelle koloniale Verbindung an, wenn sie sich in staatlichen Gesetzen bzw. Verordnungen niederschlägt. So können z. B. in der Elfenbeinkünste Lastkraftwagen, die aus Frankreich importiert werden, innerhalb von zwei Jahren abgeschrieben werden. Bei deutschen Lastkraftwagen dagegen ist dies erst innerhalb eines Zeitraumes von zehn Jahren möglich.

2. Wirtschaftliche und wirtschaftspolitische Gegebenheiten in Entwicklungsländern

a) Importrestriktionen

Fast alle Entwicklungsländer leiden unter einem chronischen Devisenmangel; die Erlöse aus dem Export landesspezifischer Produkte, in der Regel Agrarerzeugnisse und Rohstoffe, reichen nicht annähernd aus, um den hohen Importbedarf an Industriegütern decken zu können. Dies zwingt die Regierungen dieser Länder zu Importrestriktionen. Soweit Devisen vorhanden sind, müssen diese für die Einfuhr der zum Aufbau der Länder am dringendsten benötigten Kapitalgüter verwendet werden. Weitere Importrestriktionen ergeben sich aus der Notwendigkeit, im Aufbau befindliche Industrien gegen Auslandskonkurrenz abzuschirmen. Die Importrestriktionen betreffen in aller Regel Konsumgüter-Fertigwaren. Hierauf glauben die Entwicklungsländer — beim derzeitigen Stand der Entwicklung — am leichtesten verzichten zu können, zumal sich die eigenen jungen Industrien vorwiegend mit der Produktion von Konsumwaren befassen. Die Herstellung von Investitionsgütern dagegen steckt fast überall noch in den Anfängen, vor allem was komplizierte Maschinen und Apparate betrifft. Die Einfuhr dieser Güter ist daher in der Regel nicht behindert. Neben vielfach extrem hohen Schutzzöllen sowie Einfuhrkontingentierung greift die Restriktionspolitik in Entwicklungsländern vor allem auf das Mittel der Erteilung von Einfuhrlizenzen zurück. Die Handelshäuser sind gezwungen, für jedes beabsichtigte Importgeschäft einen Einfuhrantrag zu stellen und ein oft langwieriges Genehmigungsverfahren in Kauf zu nehmen. Voraussetzung für eine Genehmigung ist in vielen Ländern, daß keine eigene Produktion für diese Produkte besteht bzw. geplant ist. Dieses Selektionsverfahren geht in manchen Ländern, z. B. Brasilien, so weit, daß keine kompletten Maschinen und Anlagen mehr importiert werden dürfen, wenn bestimmte Produktionsteile bereits im Lande hergestellt werden. Hieraus ergeben sich häufig erhebliche Beeinträchtigungen der Funktionsfähigkeit der Anlagen, da nicht voll aufeinander abgestimmte Elemente zusammengefügt werden müssen. Nicht selten wird der Handel von den Abnehmern für solche Unzulänglichkeiten verantwortlich gemacht.

Ein besonderes Maß an Unsicherheit für die Handelsunternehmen besteht dann, wenn von den Regierungen keine klare Linie in der Restriktionspolitik eingehalten wird, sondern je nach Devisenlage Restriktionen abgebaut bzw. verschärft werden. Eine derartige Politik wird meist von solchen Ländern praktiziert, deren Deviseneinerlöse in starkem Maße von den Ernteergebnissen eines oder weniger Produkte abhängen. Nur durch eine sehr flexible Sortimentspolitik kann der Handel solchen

Schwierigkeiten begegnen. Die — vom Standpunkt der Entwicklungsländer aus durchaus verständlichen — Importrestriktionen führen einmal zu einer Beeinträchtigung des Exportvolumens, zum anderen zu einer Konzentration auf das technische Geschäft.

b) Währungsrisiko

Zahlreiche Entwicklungsländer leiden unter einer kräftigen Inflationierung, die ihre Ursachen in der ständigen Überforderung der Ressourcen hat. Jährliche Teuerungsraten in einer Größenordnung von 10, 20 und mehr Prozent sind nicht selten. Dies führt zu häufigen Abwertungsmaßnahmen und damit zu einer Verschlechterung der Wechselkursrelationen gegenüber den Lieferländern. Hieraus ergeben sich für den Handel erhebliche Verlustrisiken, vor allem dann, wenn — wie es häufig der Fall ist — auf Dollar-Kreditbasis gearbeitet wird.

c) Kompensationsabkommen

Auf Grund ihres chronischen Devisenmangels haben zahlreiche Entwicklungsländer Kompensationsabkommen (Barter Abkommen) — hauptsächlich mit Ländern des Ostblocks — getroffen. Diese Länder haben sich bereit erklärt, im Austausch gegen Landesprodukte den Entwicklungsländern Industrieerzeugnisse zu liefern. So tauscht beispielsweise Kolumbien Kaffee gegen Werkzeugmaschinen aus dem Ostblock. Frankreich hat sich verpflichtet, die Kolumbien durch die Lieferung von Montageanlagen für Renault entstehenden Devisenschulden durch Warenbezüge aus diesem Land auszugleichen. Vielfach kommen derartige Geschäfte auch in Form von Dreiecksgeschäften vor. Den mit dem Export von Maschinen und technischen Anlagen befaßten deutschen Handelshäusern gehen durch solche Abkommen Geschäftsmöglichkeiten verloren.

d) Erschwerung der Aufenthalts- und Arbeitsgenehmigung

Recht häufig wird die Geschäftstätigkeit deutscher Handelshäuser in Entwicklungsländern durch restriktive Aufenthalts- und Arbeitsgenehmigungsbestimmungen beeinträchtigt. Viele Länder wenden für die Beschäftigung von Ausländern einen Schlüssel an, der etwa in einem bestimmten Prozentsatz der Gesamtbeschäftigten oder der Lohn- und Gehaltssumme bestehen kann. Die zulässige Quote für die Beschäftigung deutscher Fachkräfte oder Spezialisten aus anderen Industrieländern entspricht häufig nicht den Geschäftserfordernissen, da das Angebot an einheimischen Fachkräften in aller Regel zu gering ist. Den Handel treffen diese Bestimmungen wesentlich stärker als Industriefirmen, bei denen der Anteil der ungelernten bzw. angelernten Arbeitskräfte — gemessen an der Gesamtbeschäftigtenzahl — erheblich höher ist.

e) Sonstige Faktoren

Die Geschäftstätigkeit des Handels wird durch eine Reihe weiterer Maßnahmen und Gegebenheiten erschwert, denen allerdings — wie auch bei den schon dargelegten — in den einzelnen Entwicklungsländern unterschiedliche Bedeutung zukommt. Hier ist vor allem die Flaggendiskriminierung zu nennen, die nach Aussagen zahlreicher befragter Außenhandelsfirmen von vielen Entwicklungsländern (vor allem Argentinien, Brasilien, Peru, Burma) praktiziert wird und zu einer empfindlichen Störung des Warenverkehrs führen kann. Der Handel ist auf eine begrenzte Zahl von Schiffsverbindungen angewiesen und kann bei Ausfall seinen Lieferverpflichtungen nicht mehr nachkommen. Das Kapazitätsangebot anderer Länder kann nicht genutzt werden.

Einen gewissen Eingriff in die unternehmerische Bewegungsfreiheit der Handelsfirmen bedeuten ferner staatliche Preiskontrollen sowie die Festsetzung von Mindestpreisen im Export von Landesprodukten. Preiskontrolle wird vor allem von südamerikanischen Ländern betrieben. Preiserhöhungen für eingeführte Waren z. B. müssen in Kolumbien von den Lieferfirmen begründet und der Nachweis für ihre Berechtigung erbracht werden. Für Landesprodukte werden Mindestpreise nicht selten in einer Höhe festgelegt, die in keiner Weise den Weltmarktgegebenheiten entsprechen, so daß sie von den Handelsfirmen nicht akzeptiert werden können und mögliche Geschäfte entfallen müssen.

Die dem Handel von den Abnehmern abverlangten Zahlungsziele stehen in vielen Fällen nicht in einer angemessenen Relation zur wirtschaftlichen und technischen Nutzungsdauer der gelieferten Güter. Gelegentlich werden von Regierungsseite (z. B. in Pakistan) Mindestkreditfristen — oft gekoppelt mit dem Wert der gelieferten Waren — vorgeschrieben, die der Handel als unbillig empfindet.

Auch die gelegentlich geübte Praxis, die importierenden Firmen zur Hinterlegung von Bardepots zu verpflichten (z. B. in Kolumbien bis zu 130 %/o des Wertes der Warenbezüge), stellt eine nicht unerhebliche Erschwerung der Geschäftsbedingungen für die Handelshäuser dar, da sie ihre Liquidität spürbar belastet und zu zusätzlichen Finanzierungskosten führt.

Der oft gravierende Kapitalmangel in Entwicklungsländern schränkt die Geschäftsmöglichkeiten des Handels erheblich ein. Die verfügbaren

Bankkredite werden von Regierungsseite in erster Linie für bestimmte Agrar- und Industrieprojekte zugeteilt. Der Handel ist auf risikoreiche Auslandskredite oder sehr teure Nichtbankenkredite angewiesen.

Von einem Großteil der befragten Handelshäuser wurde auf die sich aus der mangelnden Infrastruktur der Entwicklungsländer ergebenden Schwierigkeiten hingewiesen. Unzureichende Straßen- und Eisenbahnnetze, zu kleine Hafenkapazitäten, ungenügend ausgebaute Fernmeldenetze erschweren die Verschiffung und den Transport der Ein- und Ausfuhrgüter im Land.

In fast allen Entwicklungsländern gibt es Bestimmungen, die den Gewinntransfer aus den Ländern beschränken oder gar unterbinden. Obwohl es ohnehin der Politik der meisten befragten Handelshäuser mit Niederlassungen in Entwicklungsländern entspricht, die dort erzielten Gewinne weitgehend im Lande zu belassen, wirken solche Bestimmungen nicht gerade investitionsfördernd.

3. Kredit- und Kreditabsicherungsbedingungen sowie wirtschaftspolitische Maßnahmen in der BRD

Zahlreiche deutsche Handelshäuser, mit denen im Rahmen dieser Studie Gespräche geführt wurden, fühlen sich in ihrer Geschäftstätigkeit durch die im Vergleich zu anderen Industrieländern ungünstigeren Kreditbedingungen sowie das nach ihrer Meinung „unzeitgemäße" Kreditabsicherungssystem behindert.

Im Entwicklungsländergeschäft ist eine Kreditgewährung zu günstigen Konditionen eine wesentliche Voraussetzung für die Wettbewerbsfähigkeit. Für den üblichen Fall der Refinanzierung bei der Ausfuhr-Kredit-Gesellschaft mbH (AKA) bzw. der Kreditanstalt für Wiederaufbau (KfW) müssen die Exporteure Zinssätze in Kauf nehmen, die im Durchschnitt um mindestens 3 % über dem jeweiligen Diskontsatz der Deutschen Bundesbank liegen und damit erheblich höher sind als die vergleichbaren Zinssätze konkurrierender Industrieländer, in denen das Exportgeschäft durch staatliche Subventionen gefördert wird. So mußten 1970 in der BRD für Exportkredite mindestens 9 % aufgewendet werden, während beispielsweise die entsprechenden Sätze in den USA und Italien rd. 6 %, in England 5,5 %, in Frankreich und Japan gar nur 4 % betrugen. Da den Abnehmern in den Entwicklungsländern in der Regel keine höheren Zinssätze verrechnet werden können, als sie von konkurrierenden Lieferanten anderer Länder angesetzt werden, muß ein erheblicher Teil der Zinsmarge von vornherein in die Preise einkalkuliert werden, was ebenfalls zu einer Verschlechterung der Wettbewerbsfähigkeit führt.

3. Kredit- und Kreditabsicherungsbedingungen

Die Handhabung des Kreditantrags- und -abwicklungsverfahrens wird von einem Teil der befragten Firmen als zu bürokratisch empfunden. Es würden Sicherheiten verlangt, denen der wenig anlageintensive Handel vielfach nicht entsprechen könne.

Besondere Schwierigkeiten in diesem Zusammenhang ergeben sich für den Handel offensichtlich bei Geschäften mit kurzlebigen Wirtschaftsgütern, die eine Devisenzuteilung durch die Regierungen der Einfuhrländer erforderlich machen. In diesen Fällen sind die Akkreditive erst 12 bis 18 Monate oder sogar erst 24 Monate nach Verschiffung behebbar. Dadurch ist eine Hermes-Versicherung (Begrenzung auf 6 Monate Kreditfrist) ausgeschlossen. Den deutschen Exporteuren steht es zwar offen, zur Abdeckung des Risikos Spezialversicherungen über Drittländer (z. B. die Schweiz oder die Niederlande) abzuschließen. Die hohen Prämien (bis 25 %) aber machen solche Abwicklungen praktisch uninteressant, d. h. das Geschäft kommt nicht zustande oder wird von anderen Ländern gemacht.

Hinsichtlich der Risikoabsicherung stießen die der Hermes-Kreditversicherungs AG, Hamburg, von der Bundesregierung auferlegten Bedingungen vielfach auf Kritik. Moniert wird vor allem, daß dieses System im Vergleich zu ähnlichen Absicherungssystemen in anderen Ländern, vor allem in den Niederlanden, Großbritannien und Frankreich, zu teuer und mit einem zu großen Selbstbehalt ausgestaltet sei. Als besonderen Nachteil wertet man, daß bei Zahlungsausfall die Zahlungsunfähigkeit nachgewiesen werden muß. Die im Vergleich zu anderen Ländern nicht bestehende 100%ige Andienungspflicht dagegen wird als positiv angesehen.

Obwohl die Modifizierung des Entwicklungshilfesteuergesetzes und das Steueränderungsgesetz 1969 einige Verbesserungen brachten, wird die steuerliche Behandlung von Auslandsniederlassungen des Handels (insbes. soweit sie als Transithändler tätig sind) von den befragten Firmen immer noch als unzulänglich empfunden. So blieb z. B. das Risiko des Handels bei der Vorfinanzierung von Ernten unberücksichtigt, wenngleich diese Finanzierungsfunktion eine wesentliche entwicklungspolitische Leistung darstellt[1].

Nachteilig für ihre Wettbewerbsfähigkeit sehen die Exporthäuser die von der Bundesrepublik betriebene Politik der Abkehr von der Lieferbindung der zu günstigen Konditionen eingeräumten Kredite im Rahmen bilateral vereinbarter Kapitalhilfe an Entwicklungsländer an, zumal andere Industriestaaten teilweise eine gegenteilige Konzep-

---

[1] Vergleiche auch Amt für Wirtschaft der Freien und Hansestadt Hamburg, a.a.O., S. 7.

tion haben. Während in der BRD 1969 der Bindungsanteil nur noch bei 34 %/o (1970 nur bei 26 %/o) lag, betrug er in Frankreich 60 %/o, in Japan 94 %/o, in den USA 98 %/o und in Dänemark sowie der Schweiz sogar 100 %/o. Die amerikanische Kapitalhilfepolitik wird vor allem in den lateinamerikanischen Ländern von den deutschen Handelshäusern als starke Beeinträchtigung der eigenen Wettbewerbsposition angesehen. Die USA-Regierung gibt beispielsweise an Kolumbien im Rahmen ihres AID-Programms pro Halbjahr Kredite in Höhe von 30—40 Mill. $ mit einer überdurchschnittlich langen Laufzeit. Die Kredite sind an amerikanische Warenlieferungen bzw. den Kauf von Erzeugnissen US-amerikanischer Fabrikationsstätten in Südamerika gebunden. Die kolumbianische Staatsbank gibt diese Kredit mit einem Ziel von 5 Jahren an kolumbianische Importeure weiter.

Grundsätzlich spricht sich der Handel nicht gegen eine Aufhebung der Lieferbindung der gewährten Kapitalhilfe aus, doch fordert er, daß eine solche Politik nicht allein von der BRD bzw. einigen wenigen Ländern praktiziert, sondern weltweit betrieben wird, was die Bundesregierung auch anstrebt.

VI. Zusammenfassung der Untersuchungsergebnisse und Schlußfolgerungen

Die wichtigsten Ergebnisse der Untersuchung lassen sich in folgenden Aussagen zusammenfassen:

— Als Folge grundlegender Änderungen der Markt- und Konkurrenzverhältnisse im Entwicklungsländergeschäft sieht sich der deutsche Ein- und Ausfuhrhandel seit etwa zwei Jahrzehnten erheblichen Schwierigkeiten gegenüber, die ihn dazu zwingen, sein Leistungsprogramm zu überprüfen und neu auszurichten. Die Umorientierung der Unternehmenspolitik betrifft beim Export folgende Entwicklungen: Tendenzielle Verlagerung des Sortimentsschwerpunktes vom Konsumgut zum Produktionsgut, zunehmende Bedeutung problemvoller gegenüber problemlosen Erzeugnissen und — damit verbunden — Intensivierung der Beratungs- und Servicefunktionen, Straffung der Sortimente, zunehmende Durchführung von Kommissionsgeschäften, Verselbständigung der Auslandsniederlassungen gegenüber den Stammhäusern zur Erhöhung ihrer Flexibilität. Auch auf der Importseite findet eine Verschiebung der Akzente in der Funktionserfüllung statt. Der Importeur ist marketingbewußter geworden, was sich vor allem in der Produkt- und Qualitätspolitik und in Verkaufsförderungsmaßnahmen niederschlägt.

— Der institutionelle Ein- und Ausfuhrhandel spielt im Warenverkehr mit Entwicklungsländern eine beachtliche Rolle. Von den Einfuhren aus Entwicklungsländern werden rd. 80 % vom selbständigen Einfuhrhandel getätigt. Der Export in die Entwicklungsländer geht zu etwa 20—25 % über den institutionellen Exporthandel. Am gesamten wertmäßigen Außenhandel der BRD mit Entwicklungsländern ist der selbständige Ein- und Ausfuhrhandel zu rd. der Hälfte beteiligt. Die ökonomische Bedeutung der Ein- und Ausfuhrhäuser ist noch größer als in den genannten Zahlen zum Ausdruck kommt, da aus statistischen Gründen die Umsätze aus bestimmten Geschäftsarten (z. B. Kommissionsumsatz) nicht oder nicht vollständig erfaßt werden.

— Die Aktivitäten der deutschen Ein- und Ausfuhrhäuser konzentrieren sich meist nicht auf ein Land bzw. einige wenige Länder, sondern sind vielfach weltweit orientiert. Der Handelsverkehr mit Entwicklungsländern erfordert in besonderem Maße lokale Dauerpräsenz in Form von Niederlassungen. Rund vier Fünftel der befragten Handelshäuser sind — in zunehmendem Umfang — mit eigenen Niederlassungen in Entwicklungsländern vertreten. Im Durchschnitt unterhalten diese Firmen fünf Niederlassungen. Nicht selten ist die Zahl wesentlich höher.

— Der im Entwicklungsländergeschäft tätige Ein- und Ausfuhrhandel erbringt — im Rahmen seiner kommerziellen Tätigkeit — zahlreiche spezifische Leistungen, die sich auf die wirtschaftliche Entwicklung der Partnerländer positiv auswirken. Pionierleistungen wie das Aufspüren neuer Produkte und die Förderung ihrer Entwicklung bis zur Exportreife, für die es zahlreiche Beispiele gibt, sind von besonderer Impulswirkung für den wirtschaftlichen Fortschritt der Entwicklungsländer. In den vergangenen Jahren haben die Außenhandelshäuser zum Teil erhebliche Beträge in den Auf- und Ausbau von Ein- und Verkaufsbüros, Lager, Veredelungs-, Aufbereitungs- und Montageanlagen, Reparaturwerkstätten etc. investiert. Bleibt die Größenordnung dieser Investitionen auch erheblich hinter dem Investitionsvolumen der Industrie zurück, so fallen sie im lokalen Rahmen durchaus ins Gewicht. Die durch sie induzierten Folgeinvestitionen sind von wesentlicher Bedeutung für die Entwicklungsländer. Im Rahmen der Beschäftigung einheimischer Arbeitskräfte durch die deutschen Handelshäuser ist vor allem der Beitrag, den die Firmen zur Ausbildung auf technischem und kaufmännischem Gebiet leisten, hoch zu veranschlagen. Warenkreditierung und Vorfinanzierung, die im Entwicklungsländergeschäft einen erheblich größeren Umfang haben und mit höherem Risiko behaftet sind als im Außenhandel mit Industrieländern, stellen eine beachtliche Hilfe für die meist sehr kapitalschwachen Geschäftspartner dar. In vielen Fällen sind sie unerläßliche Voraussetzung für den Handelsverkehr.

— Die Betätigung des Ein- und Ausfuhrhandels wird im Entwicklungsländergeschäft in besonderem Maße durch Risiken und Wettbewerbsverzerrungen erschwert. Hierzu gehören neben politischen Gegebenheiten in den Entwicklungsländern wie Instabilität, Gefahr der Nationalisierung und Sozialisierung auch wirtschaftliche und wirtschaftspolitische Gegebenheiten wie Importrestriktionen, Währungsrisiko, Erschwerung der Aufenthalts- und Arbeitsgenehmigung, Preiskontrolle etc.

Als zentrales Ergebnis der Studie muß angesehen werden, daß der deutsche Ein- und Ausfuhrhandel einen bedeutenden Beitrag zur Förderung des Handels mit Entwicklungsländern und zur Hebung der Wirtschaftskraft dieser Länder leistet. Weder in der Bundesrepublik

VI. Untersuchungsergebnisse und Schlußfolgerungen

noch in den Entwicklungsländern wird der entwicklungsfördernde Effekt dieser Leistungen jedoch richtig erkannt und eingeschätzt. Dies ist vor allem darauf zurückzuführen, daß viele dieser Leistungen indirekter Art und nicht quantifizierbar sind. Die Leistungen der Industrie manifestieren sich dagegen weit stärker in quantitativen Größen wie Produktionsobjekten, Produktionsziffern und Beschäftigtenzahlen. Vielfach wird in der Öffentlichkeit die private Entwicklungshilfe ausschließlich der Industrie zugeschrieben. Der Handel hat es bisher auch kaum verstanden, seine Leistungen transparent zu machen.

Die besondere Leistung des Handels liegt in seiner Breitenarbeit und flexiblen Angebotspolitik, die sich — gestützt auf langjährige Erfahrungen — in einer weitgehend optimalen Versorgung der Märkte der Entwicklungsländer bzw. Vermarktung der jeweiligen Landesprodukte auf den Weltmärkten niederschlägt. In ihrer täglichen Arbeit passen sich die Ein- und Ausfuhrhäuser weitgehend in das entwicklungspolitische Konzept der Bundesregierung ein; das gilt besonders für Unternehmen mit eigenen Niederlassungen in Entwicklungsländern. Stellt man die dem Handel obliegenden Funktionen und die von ihm erbrachten Leistungen in Rechnung, so erweist sich die Auffassung als verfehlt, der Handel würde den Warenverkehr mit Entwicklungsländern verteuern und sei unrationell.

Anhang

Die Aktivitäten deutscher Handelshäuser in Entwicklungsländern, dargestellt an ausgewählten Beispielen[1]

Joh. Achelis & Söhne, Bremen

Bei dieser Außenhandelsfirma — gegründet 1826 — entfallen etwa 90 % auf den Warenexport und 10 % auf den Import. Die gesamte Tätigkeit des Unternehmens ist auf Entwicklungsländer konzentriert und hierbei wieder auf bestimmte Märkte und Warengruppen spezialisiert. Je nach Erfordernis werden Kontrakte entweder als Prinzipal- oder Kommissionsgeschäft abgewickelt.

Das Exportprogramm von Achelis umfaßt im wesentlichen Maschinen und Industrieanlagen, Auto- und Motorersatzteile mit Zubehör, Einrichtungen für Hospitäler, feinmechanische und optische Geräte, Elektronik und elektrische Geräte aller Art sowie fotochemische und fototechnische Artikel etc.

Die Kontakte zu Entwicklungsländern erstrecken sich vorrangig auf den ostafrikanischen und ostasiatischen Raum. In Ostafrika unterhält die Firma seit Jahrzehnten Niederlassungen in Kenya, Uganda und Tansania mit zusammen rd. 190 Beschäftigten, davon 180 Einheimischen. Die Niederlassungen in Ostasien befinden sich in Hongkong (gegründet 1962, 35 Beschäftigte, davon 30 Einheimische) sowie in Taiwan (gegründet 1969, 17 Beschäftigte, davon 15 Einheimische). Die Achelis-Gruppe beschäftigt insgesamt 270 Mitarbeiter in Übersee und Bremen.

Im Rahmen der Funktionserfüllung kommt der technischen Beratung, Projektierung, Montage sowie dem technischen Service (Reparaturen, Wartung) entscheidende Bedeutung zu. Langjährige vertragliche Vertriebstätigkeit für namhafte deutsche und andere europäische Hersteller insbesondere aus dem EWG-Raum sowie große Erfahrung im Entwicklungsländergeschäft (Recht-, Steuer-, Zoll-, Devisenbestimmungen und lokale Handelsusancen) versetzen Achelis in die Lage, einerseits die für die überseeischen Abnehmer geeigneten Produkte und Anlagen

---

[1] Die Auswahl der Firmen erfolgte rein zufällig und ist nicht an der Unternehmensgröße orientiert.

und das erforderliche technische und auch kommerzielle know-how zu vermitteln und Wartung und Ersatzteile „on the spot" anzubieten, und andererseits auch den Herstellerwerken finanziell, personell, organisatorisch und durch allgemeine Risikominderung bei Absatz oder Bezug von Waren in/aus Übersee zur Seite zu stehen. Zu den vertretenen Herstellerwerken gehören u. a. Unternehmen wie Demag, Klöckner-Humboldt-Deutz, Hyster und Ransomes Gabelstapler, Richier, die Continental Gummiwerke, die Carl Zeiss Gruppe, die Robert Bosch GmbH, Rollei, Arnold & Richter, Linhof und viele andere mehr.

Dem Produktprogramm entsprechend müssen den Abnehmern in Übersee in erheblichem Umfang Kredite eingeräumt werden. Diese belaufen sich je nach Warenart auf Laufzeiten bis zu vier und fünf Jahren. 90 Tage Ziel stellen in jedem Fall die Mindestkreditierungsfrist dar.

Die Achelis-Firmen sind in Fachabteilungen für Waren und Werkstätten gegliedert, die jeweils von erfahrenen und langjährig ausgebildeten Spezialisten geleitet werden. Der Ausbildung aller Angestellten in den Niederlassungen wie auch der Mitarbeiter der ausländischen Abnehmer wird — vor allem im Rahmen laufender Ausbildungsprogramme — große Bedeutung beigemessen.

Der Handel mit Entwicklungsländern soll in den nächsten Jahren noch vergrößert werden; in erster Linie durch Ausbau des technischen Geschäftes mit erweiterter Planung und Beratung, Finanzierung und durch noch mehr Service und Ausbildung für die technologisch immer anspruchsvolleren Bedürfnisse der bearbeiteten Märkte Ostafrikas und Ostasiens.

Carlowitz & Co., Hamburg

Bei dieser Exportfirma handelt es sich um ein traditionelles Ostasienhaus. Es wurde 1846 in China (Canton) gegründet. 1877 wurde Shanghai Hauptsitz des Unternehmens. Erst 1886 wurde eine Tochtergesellschaft in Hamburg etabliert. Seit den achtziger Jahren des vorigen Jahrhunderts werden Anlagengeschäfte großen Stils durchgeführt. Das Unternehmen beschäftigte vor dem ersten Weltkrieg in zahlreichen Niederlassungen mehr als 300 Europäer und Tausende von Chinesen und Japanern. Durch den ersten Weltkrieg ging eine Reihe von Niederlassungen verloren. In den zwanziger Jahren konnten rd. 14 Niederlassungen neu in Betrieb genommen werden. Der zweite Weltkrieg brachte den Totalverlust aller Niederlassungen in Ostasien. Das Hamburger Unternehmen begann in den fünfziger Jahren mit dem Wiederaufbau des Ostasien-Geschäfts. Es ist heute mit vier Niederlassungen in drei Ländern (Pakistan, Thailand, Singapur) tätig.

Die beiden wichtigsten Niederlassungen der Firma befinden sich in Westpakistan (Karachi) und in Thailand (Bangkog). Die Skizzierung der Aktivitäten dieser Niederlassungen mag verdeutlichen, in welcher Weise von der Firma heute das Entwicklungsländergeschäft betrieben wird.

Die 1962 errichtete Niederlassung in Karachi befindet sich zu 100 % in Händen des Hamburger Unternehmens. Neben dem deutschen Manager werden 15 einheimische Kräfte beschäftigt. Hiervon sind fünf als Verkäufer eingesetzt, von denen wiederum drei eine Ingenieurausbildung absolviert haben. Einer dieser Ingenieure ist speziell als Service-Ingenieur eingesetzt. Die anderen Mitarbeiter der Niederlassung haben vorwiegend administrative Aufgaben zu erfüllen. Das Produktionsprogramm der Niederlassung besteht vor allem aus Textilmaschinen für Woll- und Kammgarnspinnereien, Baumwollspinnereien, Wirkereien und Handtuchwebereien, aus allgemeinen Textilausrüstungsgegenständen, chemischen Anlagen und Stärkefabriken, Maschinen für die Herstellung von Lederwaren, Schuhen, Gummi- und Plastikerzeugnissen, aus rollendem Material (Waggons, Pkw etc.) sowie Werkzeugmaschinen für die Eisenbahn.

Die Niederlassung stellt sowohl Kontakte zwischen den Kunden und dem Hamburger Stammhaus her, als auch zwischen den Kunden und den vertretenden Herstellern. Hierbei handelt es sich fast ausschließlich um deutsche Industrieunternehmen (rd. 25). Die Kunden sind in erster Linie private einheimische Industriebetriebe, daneben der Staat (Eisenbahn).

Von der Niederlassung werden vor allem folgende Funktionen ausgeübt: Intensive Marktbeobachtung, Gewinnung neuer Kunden, Auswahl seriöser Kunden und aussichtsreicher Projekte, technische und ökonomische Beratung der Abnehmer, Mitwirkung bei der Montage sowie After-Sale-Service (z. B. Reparaturen, Maschinenumstellungen).

Vor dem Verkauf ist in fast allen Fällen eine eingehende technische und ökonomische Beratung der Kunden unerläßlich. Der Leiter der Niederlassung und seine technisch geschulten Mitarbeiter arbeiten vielfach komplette Projektpläne für die Kunden — auch für potentielle Abnehmer — aus, in denen sowohl versucht wird, eine optimale technische Lösung zu finden, als auch den Erfordernissen hinsichtlich der Wirtschaftlichkeit und Rentabilität Rechnung zu tragen. Die Montage der verkauften Maschinen und Anlagen erfolgt zum Teil unter Anleitung der Verkaufsingenieure der Niederlassung. Bei größeren und komplizierteren Projekten wirken allerdings Ingenieure und Monteure der vertretenen Herstellerwerke mit. Der After-Sale-Service erfolgt teilweise im Rahmen regelmäßiger Kundenbesuche durch Fachleute der vertretenen Hersteller. In der Zeit zwischen diesen Besuchen obliegt die Erfüllung der Servicefunktionen jedoch der Handelsniederlassung. Hierunter fallen Inspektionen und Wartung, aber auch Reparaturen, Maschinen- und Anlagenumstellungen etc., die nicht so kompliziert sind, daß hierzu hochspezialisierte Kräfte der Herstellerwerke herangezogen werden müssen. Um die genannten technischen Funktionen erfüllen zu können, ist eine permanente gründliche Weiterbildung der Mitarbeiter, vor allem der Verkaufsingenieure, erforderlich. Diese Weiterbildung erfolgt in der Regel durch mehrmonatige Aufenthalte in Deutschland, z. T. durch Zusammenarbeit mit Experten der vertretenen Werke bei Montage und Reparatur der einzelnen Objekte.

Im Rahmen der laufenden Verkaufsförderung werden potentiellen Kunden u. a. spezielle Broschüren zur Verfügung gestellt, in denen technische Problemlösungen für bestimmte Produktionszweige und -vorgänge besprochen sind. Angaben über Maschinenkapazitäten und -einsatzmöglichkeiten, Investitionskosten, erforderliche Rohmaterialien, Bezugsmöglichkeiten dieser Materialien usw. stellen eine wesentliche Vorinformation für die Interessenten dar.

Eine nennenswerte Kredit- und Finanzierungsfunktion wird vom Handelshaus selbst nicht erfüllt. Die vertretenen Hersteller liefern im allgemeinen nur auf Akkreditivbasis. Den Werken muß hierbei in der Regel eine Anzahlung geleistet werden. Bei dieser Finanzierungsart besteht im allgemeinen kein Absicherungsproblem.

Bei der Fa. Carlowitz & Co. Ltd. in Thailand (Bangkog) — ebenfalls 1962 errichtet — handelt es sich um ein in juristischem Sinne selbständiges Unternehmen, de facto jedoch um eine 100%ige Niederlassung des Hamburger Hauses. Der weitaus größte Teil des Kapitals befindet sich in Händen der Partner des Stammhauses in Hamburg. Die Niederlassung beschäftigt drei deutsche sowie 14 einheimische Mitarbeiter. Neben dem deutschen Manager und seinen zwei Assistenten sind sieben einheimische Verkäufer eingesetzt, die eine technische Ausbildung genossen haben, jedoch keine vollausgebildeten Ingenieure sind. Bei den übrigen Mitarbeitern handelt es sich um administratives Personal.

Das Programm besteht in erster Linie aus Maschinen und Anlagen. Es werden bedeutende deutsche Industrieunternehmen vertreten, so z. B. Rheinstahl-Henschel (Lokomotiven), die Fritz-Werner-Gruppe (Militärgeschäft), die Fa. Buckau-Wolf (Anlagen für die Zuckerindustrie), die Firmen Ziemann und Seitz (Maschinen und Anlagen für die Getränkeindustrie), ferner namhafte Hersteller von Maschinen für Gerbereien, Schuhfabriken und Plastikindustrie.

Mit mehreren bekannten Herstellern von Werkzeugmaschinen wird speziell das Geschäft mit der Eisenbahn, den Militärwerkstätten und der königlichen Münze betrieben.

Das Maschinen- und Anlagengeschäft erfordert auch in Thailand Beratung der Kunden in technischer und wirtschaftlicher Hinsicht. Bei der Montage der gelieferten Maschinen und Anlagen wirkt die Niederlassung jedoch nicht mit, da es sich hierbei in der Regel um so komplizierte Projekte handelt, daß Spezialisten der vertretenen Herstellerfirmen eingesetzt werden müssen. Für den erforderlichen After-Sale-Service (Reparaturen, Umstellungen von Maschinen und Anlagen etc.) arbeitet die Niederlassung mit lokalen Ingenieurbüros etc. zusammen, die diese Arbeiten im Unterauftrag übernehmen.

Im Laufe der Jahre hat sich die Niederlassung einen festen Kundenstamm geschaffen, mit dem die Verkäufer einen ständigen intensiven Kontakt unterhalten. Etwa 50 % der vermittelten Umsätze entfallen auf Regierungsgeschäfte, der Rest auf private Firmen (Industriebetriebe, Importeure).

Coutinho, Caro & Co., Hamburg

Die Unternehmensgruppe wurde im Jahre 1895 gegründet. Nach dem zweiten Weltkrieg mußte die Auslandsorganisation wieder neu aufgebaut werden. Die Gruppe verfügt heute in den westlichen Industrieländern über selbständige, zum Teil in Partnerschaft geführte Häuser, die somit der überseeischen Vertriebsorganisation eine breite Einkaufsbasis bieten. Der Mitarbeiterstab beläuft sich derzeit auf rd. 1 000. Die Firma war zunächst auf das Eisen- und Stahlgeschäft spezialisiert. Nach dem zweiten Weltkrieg wurden neben dem Eisen- und Stahlgeschäft das Werkzeuggeschäft und das technische Geschäft (Maschinen und Anlagen) forciert. Daneben gehören heute auch Metalle, Chemikalien, Fahrzeuge und Industriebedarfsartikel zum Lieferprogramm. Einen besonderen Zweig stellt die Errichtung von schlüsselfertigen Hotels und Industrieanlagen dar. Hervorzuheben sind dabei vor allem solche Anlagen, die die heimische Landwirtschaft fördern, wie Anlagen zur Verarbeitung landwirtschaftlicher Produkte und solche, die dem Aufbau der Infrastruktur dienen wie etwa Zementfabriken. Das Unternehmen betätigt sich nicht nur im Export, sondern auch im Import. Eingeführt werden Walzstahlerzeugnisse und Metalle. Vom gesamten wertmäßigen Import entfallen jedoch — dem Warenprogramm entsprechend — nur noch rd. 3 % auf Entwicklungsländer (früher 5 %), wogegen vom wertmäßigen Export rd. 45 % in Entwicklungsländer gehen.

Geschäftspartner sind je nach Entwicklungsland entweder einheimische private Firmen oder der Staat bzw. Staatshandelsgesellschaften.

Im Exportgeschäft werden Geschäftsbeziehungen vor allem mit folgenden Entwicklungsländern unterhalten: Nigeria, Ghana, Tansania, Kenia, Uganda, Angola, Sambia, Malawi, Nordafrika einschließlich Sudan, Saudi-Arabien und Äthiopien, Indonesien, Südvietnam, Taiwan, Hongkong, Korea, Thailand, Indien, Pakistan, Ceylon, Persien, Malaysia sowie Lateinamerika. Importiert wird aus den Entwicklungsländern Indien, Ägypten, Tunesien, Hongkong, Singapur, Malaysia, Taiwan, Südkorea, Nigeria sowie aus Brasilien.

Die Fa. Coutinho, Caro & Co. unterhält in einer Reihe von Entwicklungsländern eigene Niederlassungen, die sich entweder ausschließlich in ihren Händen befinden oder an denen sie Majoritätsbeteiligung hat. In der 1962 in Nigeria (Lagos) errichteten Niederlassung sind 23 Kräfte beschäftigt, davon 10—15 Einheimische. Zum Aufgabenbereich dieses Stützpunktes gehören neben dem Verkauf technische Beratung, Montage, After-Sale-Service, Ersatzteildienst, Inlandshandel und Export. Die Niederlassung in Pakistan (drei Beschäftigte in Karachi) erfüllt ebenfalls im wesentlichen Verkaufs- und Beratungsfunktionen. Eine Niederlassung in Ghana mit fünf Beschäftigten, davon zwei Einheimische, erfüllt bislang ausschließlich Verkaufsfunktionen. Der 1969 in Südkorea gegründeten Niederlassung (zwei Beschäftigte) obliegt im wesentlichen der Verkauf sowie die technische Beratung. In anderen Entwicklungsländern fungieren Delegierte der Firma. Ferner bestehen Kapitalbeteiligungen an sechs Industriebetrieben in afrikanischen Ländern wie etwa an einer Nahrungsmittelfabrik und an einer Textilfabrik in Nigeria.

Im Maschinen- und Anlagengeschäft kommt neben den technischen Funktionen (Beratung, Montage, Reparaturen, Service) der Finanzierung eine erhebliche Bedeutung zu. Je nach den Refinanzierungsmöglichkeiten belaufen sich die Kreditfristen bei Großanlagen auf fünf bis acht Jahre. Die internationalen Einkaufs- und Liefermöglichkeiten erlauben es, in Währungs- und Zinsfragen etwas flexibler zu sein. So konnte beispielsweise eine ursprünglich aus Deutschland offerierte Flaschenglasfabrik für Sambia, nachdem der Kunde keine Fakturierung in DM wünschte, durch das Londoner Haus der Gruppe von England aus geliefert und entsprechend finanziert werden. Auch der Ausbildung von einheimischen Kräften im technischen und kaufmännischen Bereich wird große Aufmerksamkeit geschenkt.

Der Handel mit Entwicklungsländern wird durch Erschließung neuer Märkte und Intensivierung bestehender Geschäftsbeziehungen weiter ausgebaut.

Peter Cremer, Hamburg

Das Außenhandelsunternehmen betätigt sich hauptsächlich als Importeur. Vom Gesamtumsatz entfallen rd. 90 % auf Einfuhren (einschl. Transithandel), nur etwa 10 % auf das Exportgeschäft. Die wertmäßigen Importe kommen rd. zur Hälfte aus Entwicklungsländern. Vom Export entfallen ebenfalls rd. 50 % auf Lieferungen in Entwicklungsländer. Importiert wird aus den Entwicklungsländern Indonesien, Thailand, Philippinen, Brasilien, Argentinien, Ägypten, Sudan, Libanon und Tansania. Einfuhrgüter sind hier vor allem Tapioka, Ölkuchen und Kopra. In den sechziger Jahren hat das Handelshaus in Thailand, Indonesien und den Philippinen eigene Niederlassungen aufgebaut. In Thailand und Indonesien wurden zahlreiche Kooperationsverträge mit einheimischen Exporteuren und Großhandelsfirmen abgeschlossen.

Zur Verdeutlichung der Aktivitäten des Handelshauses in den Entwicklungsländern mag die Skizzierung der Funktionen und Leistungen der Niederlassung in Bangkok/Thailand dienen. Über diese im Jahre 1962 gegründete Niederlassung werden Tapiokaprodukte importiert. Die Niederlassung begann 1966 mit dem Versuch, Tapioka zu verpressen. Er erwies sich als so erfolgreich, daß in den folgenden Jahren die Produktionskapazität beträchtlich ausgeweitet wurde. Heute bestehen in einer Beteiligungsfirma zwei Fabrikationsstätten mit je vier Pressen, was einer jährlichen Kapazität pro Anlage von 50 000 Tonnen entspricht. Es wird in mehreren Schichten „rund um die Uhr" gearbeitet. Pro Anlage sind rd. 100 Kräfte beschäftigt, fast ausschließlich einheimisches Personal. Die Fa. Peter Cremer arbeitet eng mit zwei thailändischen Firmen (Thai Wah & Co Ltd. und Poon (Pho Ltd.) zusammen, die Grundstücke und Gebäude der Produktionsstätten auf Mietbasis zur Verfügung stellen. Die maschinelle Ausrüstung ist dagegen Eigentum der deutschen Beteiligungsfirma. Die lokalen Arbeitskräfte werden teilweise von den Partnerfirmen eingestellt und angeleitet. Diese Firmen beschaffen auch die Rohware von den lokalen Erzeugern.

Die einheimischen Arbeitskräfte mußten mit dem Verpressen von Futtermitteln vertraut gemacht werden. Diese Entwicklung hat dazu geführt, daß heute fast sämtliche thailändischen Tapiokaprodukte in pelletisierter Form das Land verlassen.

Der Import von Tapioka und anderen Landesprodukten aus Entwicklungsländern ist ohne Vorfinanzierung nicht möglich. Diese erfolgt z. B. in Indonesien durch Akkreditive mit Red-Clause bzw. durch zusätzliche ungesicherte Vorkassenleistungen, die es den Exporteuren ermöglichen, den Aufkäufern im Landesinnern bzw. den Farmern Finanzierungsmittel zur Verfügung zu stellen gegen Lieferung der Produkte in einem bestimmten absehbaren Zeitraum.

Die Tätigkeit der Fa. Peter Cremer und anderer deutscher Importfirmen (Krohn & Co., Wünsche & Co.) hat in Thailand entscheidend dazu beigetragen, den Export eines so wichtigen Landesproduktes wie Tapioka nachhaltig zu fördern. Dies erfolgte durch enge Kooperation mit lokalen Firmen, Einführung neuer Produktionsverfahren, Beratung der Erzeuger sowie teilweise auch durch die Vorfinanzierung.

Ferrostaal AG, Essen

Das Unternehmen, das (mit einem Umsatz von über 1 Mrd. DM im Jahres 1969) zu den größten deutschen Großhandelsfirmen überhaupt zählt[2], hat drei Geschäftszweige:

1. Vertrieb von Eisen und Stahl im Inland,
2. Export von Eisen und Stahl,
3. a) Export und Finanzierung von Maschinen und kompletten Anlagen auf Basis vertretener Werke. (Schwerpunkt: Werkzeugmaschinen aller Art, Holzbearbeitungsmaschinen, Kunststoffmaschinen, Dieselmotoren und -aggregate, Pumpen, Elektromotoren, Kompressoren, Kräne, Bergbaumaschinen, landwirtschaftliche Maschinen, Textilmaschinen, Gerberei- und Schuhmaschinen, Verpackungsmaschinen und Maschinen für die Lebensmittelverarbeitung);

   b) Planung, Lieferung, Finanzierung und Errichtung von Anlagen und Maschinen für die Hüttenindustrie, die Steine- und Erdenindustrie, die chemische Industrie und andere Industrien als Generalunternehmer oder als Führer und Partner in deutschen oder internationalen Konsortien;

   c) Lieferung und Finanzierung von Schiffen, Docks, Hafenausrüstung, rollendem und liegendem Eisenbahnmaterial.

Der dritte Geschäftszweig ist unter der Themenstellung dieser Untersuchung von besonderem Interesse, da rd. 80 % der Maschinen- und Anlagengeschäfte mit Kunden in Entwicklungsländern getätigt werden. Das Schwergewicht liegt dabei in Lateinamerika, auf das rd. zwei Drittel des Geschäftsvolumens entfallen (Afrika und Asien je ein Sechstel). Seit Ende der zwanziger Jahre ist Ferrostaal auf dem lateinamerikanischen Kontinent tätig. Heute befassen sich dort insgesamt 11 juristisch selbständige Organisationen mit dem Vertrieb des Ferrostaalprogramms, und zwar in Argentinien (3), Mexico (2), Peru (2), Kolumbien, Chile, Venezuela und Brasilien (mit drei Verteilerniederlassungen); sie beschäftigen 400—450 Mitarbeiter, darunter 40—50

---

[2] Die Ferrostaal AG gehört zwar kapitalmäßig zu 100 % zur Gutehoffnungshütte Aktienverein, Nürnberg/Oberhausen, doch ist sie in ihrem Aktionsradius frei und nicht nur als Werkshandelsgesellschaft für die Unternehmen des Konzerns tätig. Andererseits setzen die Konzernunternehmen nicht ausschließlich über Ferrostaal, sondern auch über Großhandelsfirmen ab, die mit Ferrostaal konkurrieren.

Deutsche. Während es sich bei den lateinamerikanischen Organisationen durchweg um vollausgebaute Handelsunternehmen (mit Lagerhaltung, Montage- und Serviceabteilungen) handelt, werden in Afrika (Elfenbeinküste, Nigeria, Sambia, VAR) und Asien (Libanon, Pakistan, Indonesien, Malaysia, Philippinen) lediglich Verkaufs- und Beratungsbüros unterhalten.

Als Beispiel für die Aktivität des Unternehmens auf dem lateinamerikanischen Markt mögen die Ferrostaal-Firmen in Kolumbien und Mexico dienen.

Die kolumbianische Gesellschaft, Ferrostaal de Colombia Ltda., Bogota, mit einem Kapital von rd. 70 000 DM ausgestattet, konnte seit der Gründung vor 20 Jahren trotz gelegentlicher landesspezifischer Schwierigkeiten ihren Geschäftsumfang ständig ausbauen. Dies ist vor allem darauf zurückzuführen, daß auf dem Maschinen- und Anlagensektor ein nahezu umfassender Leistungsfächer angeboten wird, der vom Großanlagengeschäft bis zum Vertrieb einfacher Maschinen und Werkzeuge aus der Inlandsproduktion reicht. Das Unternehmen beschäftigt 20 bis 25 Personen, die vornehmlich kaufmännisch ausgerichtet sind, aber auch umfangreichere technische Kenntnisse aufweisen. Hierdurch konnte z. B. in einem speziellen Fall (Wasserwerk in Bogota) in Zusammenarbeit mit einem vom Herstellerwerk zur Verfügung gestellten Ingenieur die gesamte Beratung, die Montage und die Wartung übernommen werden. Technisch betreut werden darüber hinaus alle Artikel, die ab Lager verkauft werden; der Wert des Warenlagers beträgt etwa 300 000 DM. Hierfür stehen eine Werkstätte mit Technikern, Montagewagen sowie ein Ersatzteillager zur Verfügung. Auf dem Werkzeugmaschinensektor stützt man sich auf Techniker der Lieferwerke, die von Fall zu Fall aus Deutschland anreisen.

Seit einigen Jahren treibt Ferrostaal de Colombia auch lokalen Handel, d. h. es fungiert als Großhandelsunternehmen für kolumbianische Produzenten. Dieser Geschäftszweig ermöglicht es, sich relativ schnell an geänderte Marktsituationen anzupassen, etwa in Zeiten stärkerer Importrestriktionen. Im Importgeschäft hat sich der direkte Kontakt im täglichen Geschäft zwischen der kolumbianischen Gesellschaft und den Lieferwerken vergrößert, eine Tendenz, die sich fortsetzen dürfte.

In Mexico ist Ferrostaal durch zwei Gesellschaften vertreten, die Ferrostaal Mexicana und die Ferrostaal Oficina Technica. Die Ferrostaal-Mexicana arbeitet als Handelsunternehmen für Werkzeugmaschinen. Über die Ferrostaal AG in Essen werden qualitativ hochwertige Maschinen importiert. Die Einfuhr einfacherer, unkomplizierterer Maschinen erfolgt in zunehmendem Maße bereits aus Ländern des amerikanischen Kontinents, z. B. aus Brasilien und Argentinien. Dieses Geschäft wird über drei Lager in Mexico-City, in Monterrey und Guadalajara abgewickelt, die mit fachkundigem technischem Personal ausgestattet sind. Insgesamt beschäftigt Ferrostaal Mexicana 40—50 Personen. Das einheimische technische Verkaufspersonal wird von der Firma systematisch ausgebildet, teilweise in Deutschland bei den Lieferwerken.

Die zweite mexikanische Firma, Ferrostaal Oficina Tecnica, ist als technisches Büro und Vertretungsfirma für deutsche Hersteller im Groß-Anlagen-Geschäft tätig. So wurden z. B. ein Stahlwerk und eine Zuckerraffinerie abgeschlossen. Projekte des Großanlagen-Geschäftes bringen es mit sich, daß an ihnen zumeist jahrelang gearbeitet werden muß, bevor sie abschlußreif sind. Ständig beschäftigt sind deshalb nur fünf Mitarbeiter; bei der Abwicklung von Großprojekten nimmt die Zahl vorübergehend stark zu.

Freudenberg & Co., Bremen

Die Firma wurde 1873 in Colombo/Ceylon als Kaffeehandelsunternehmen gegründet. Sie entwickelte sich rasch zu einem der größten Kaffeeablader des Landes. Mit der Vernichtung der gesamten ceylonesischen Kaffeekultur in den folgenden Jahren durch eine Pilzkrankheit mußte das Handelsunternehmen die Geschäftstätigkeit auf andere Landesprodukte verlagern. Es gliederte sich auch eine Einfuhrabteilung an. Daneben wurden Produktionsstätten erworben bzw. errichtet (Ölmühle, Fabrik zur Herstellung von Kunstdünger). Sowohl im ersten als auch im zweiten Weltkrieg erfolgte die Zwangsliquidierung. Im Jahre 1953 wurde die Firma — nun in Zusammenarbeit mit einer alteingesessenen einheimischen Familie — erneut errichtet. Das Handelsunternehmen konnte sein Geschäftsvolumen in den zurückliegenden Jahren ständig erweitern. Hierbei spielte das Kautschukgeschäft eine zunehmend größere Rolle. Im Zuge dieser Entwicklung wurden neue Niederlassungen aufgebaut, darunter die Fa. Freudenberg & Co. (Far East) Pte Ltd., Singapur.

Die Aktivitäten dieser Niederlassung sind ein gutes Beispiel dafür, wie in enger Zusammenarbeit mit den einheimischen Produzenten und den Kunden in den Industrieländern die Ausfuhrmöglichkeiten der Entwicklungsländer bei einem spezifischen Landesprodukt systematisch gefördert und verbessert werden können. Die Singapur-Firma Freudenberg (vier Mitarbeiter, davon drei Einheimische) kauft Rohgummi in Singapur, Malaysia und Thailand auf und verschifft das geronnene, getrocknete und in kleine Ballen gepreßte Produkt nach Deutschland (Abnehmer sind hier u. a. die Firmen Metzeler, Continental und Phönix), andere europäische Länder (einschl. Ostblockstaaten) sowie nach den USA.

Da man sowohl die Absatzmärkte, d. h. den quantitativen und qualitativen Bedarf der Abnehmer von Naturkautschuk, als auch die Produktionsprobleme und -möglichkeiten der einheimischen Erzeuger genau kennt, kann man durch eingehende Beratung positiv auf das Angebot einwirken und damit die Absatzmöglichkeiten verbessern. Wie wesentlich eine solche Beratungsfunktion ist, wird deutlich, wenn man sich die differenzierte Produktions- und Angebotsstruktur in bezug auf Zahl und Größe der Pflanzungen, Produktionsbedingungen, Qualität der Produkte etc. vor Augen hält. Es gibt im Einzugsbereich der Handelsniederlassung allein etwa 35 verschiedene Kautschuktypen mit einer Vielzahl von Produktvariationen. Die Vielfalt dieses Produktangebots hat seine Ursache in der Verwendung verschiedener Baumtypen, z. T. erheblichen Unterschieden in der Bodenart (was den Mineralgehalt des Latex beeinflußt) sowie dem unterschiedlichen Sauberkeitsgehalt des Latex durch unterschiedliche Sorgfalt bei der Gewinnung. So wird heute neben 100 % reinem Gummi im Idealfall Rohkautschuk mit hohen Verschmutzungsgraden, oft bis zu 80 %, angeboten.

Entsprechend der skizzierten Produktionssituation in bezug auf die Qualität des Angebots versucht man von seiten der Handelsniederlassung auf verschiedene Weise eine Verbesserung und Vereinheitlichung der Qualitäten zu erreichen. Dies geschieht einmal durch ständige Einwirkung auf die Erzeuger, der Sauberhaltung der Gummimilch größere Beachtung zu widmen, was durch laufende Kontrolle, Entfernung von Blättern und anderen Schmutzteilen etc. ohne große Schwierigkeiten möglich ist, zum anderen dadurch, daß man sich bemüht, die Pflanzer zur Einführung neu entwickelter Baumtypen zu bewegen.

Durch die große Variationsbreite hinsichtlich Art, Qualität, aber auch Menge des Produktangebots gehört die Selektion und Zusammenstellung der von den Abnehmern gewünschten bestimmten Produkttypen mit zu den wesentlichen Aufgaben der Handelsniederlassung. Sie läßt sich nur durch die intime Kenntnis des Erzeugermarktes lösen.

Im Gegensatz zur Singapur-Niederlassung ist die Fa. Freudenberg & Co (Ceylon) Ltd., Colombo, darauf eingerichtet, den Kautschuk, der täglich in loser Form von den Pflanzungen angeliefert wird, zu sortieren und standardgemäß zu verpacken. Durch politische Einflüsse bedingt muß der gepackte Kautschuk dem Rubber-Commissioner angeboten werden, der im Namen der Regierung kauft und den Kautschuk — als Gegenleistung für Reis — nach China verschifft. Neuerdings erfolgen in größerem Umfange auch Freigaben für westliche Länder, so daß die Fa. Freudenberg & Co. nun wieder in der Lage ist, Ribbed Smoked Sheets zu kaufen, eine Sorte, die von der Reifenindustrie verarbeitet wird.

Neben Colombo und Singapur ist die Fa. Freudenberg in Djakarta/ Indonesien vertreten (Freudenberg & Co., Liaison Office). Hier bestehen schon jetzt gute Möglichkeiten, direkten Handel zu betreiben.

B. Grimm & Co., Hamburg/Bangkog

Das Handelsunternehmen wurde 1878 in Bangkog/Thailand gegründet. Erst 1812 erfolgte die Errichtung des Hamburger Hauses. Aus dieser Entwicklung erklärt es sich, daß das Bangkog-Haus rechtlich und wirtschaftlich unabhängig geblieben ist. Zur Zeit sind jedoch die Inhaber beider Häuser identisch.

Die Entwicklung der Aktivitäten und des Produktprogramms des Unternehmens in Bangkog ist ein Spiegelbild der Entwicklung der thailändischen Wirtschaft. Von der ursprünglichen Vielfalt des Lieferangebotes, das sich von Konsumgütern aller Art bis zu Investitionsgütern erstreckte und Lieferungen sowohl an private Abnehmer als auch an den Königshof und die diesem unterstehenden öffentlichen Dienststellen und Organisationen wie Eisenbahn, Postverwaltung, Gesundheitsverwaltung, umfaßte, entwickelte sich in Anpassung an den industriellen Aufbau des Landes ein Handelsunternehmen mit einem Waren- und Dienstleistungs-Angebot, dessen Schwergewicht heute bei Investitionsgütern (rd. 80 %) liegt. Es werden komplette technische Anlagen und Ausrüstungen, Maschinen und Geräte aller Art, elektrische Krafterzeugungs- und Verteilungsanlagen, Kommunikationssysteme, Alarm- und Sicherheitssysteme, optische und medizinische Geräte im Rahmen von Alleinverkaufs- und Vertretungs-Verträgen namhafter deutscher und nichtdeutscher Industriefirmen geliefert.

Daneben gehören jedoch auch langlebige Konsumgüter wie elektrische Haushaltsgeräte, Radio-, Fernseh- und Phonogeräte, Glühlampen und Beleuchtungskörper und ein breiter Fächer von Pharmazeutika sowie Feinchemikalien zum Angebotsprogramm, das in seinen verschiedenen Teilbereichen unter dem Verbundgesichtspunkt zusammengestellt ist. Die verschiedenen Produktgruppen werden im Rahmen spezieller Fachabteilungen betreut, deren Führung in der Hand von deutschen und thailändischen Fachkräften liegt.

Zu den vertretenen Firmen gehören Siemens, Krupp, Klöckner-Humboldt-Deutz, Voith, Carl Zeiss, Osram, E. Merck, Boehringer, Beiersdorf, Luitpold-Werk und zahlreiche andere Unternehmen auch aus außerdeutschen Industrieländern wie USA, Japan und einigen europäischen Ländern.

Geschäftspartner des Handelsunternehmens sind zu etwa drei Fünftel private Unternehmen, zu etwa zwei Fünftel die Regierung bzw. Staatsunternehmen. So werden z. B. in Zusammenarbeit mit dem Gesundheitsministerium die Hospitäler mit allen erforderlichen Arzneien und Geräten versorgt. Ferner werden Eisenbahn, Postverwaltung, Hafen- und Verkehrsbetriebe, Bewässerungsamt und andere öffentliche Betriebe beliefert.

Das Produktprogramm des Unternehmens erfordert eine intensive Erfüllung von Marketing- und Beratungsfunktionen sowie einen umfassenden technischen Service. Das Personal — es werden rd. 400 Personen beschäftigt, darunter etwa 20 deutsche Mitarbeiter — besteht, den gestellten Anforderungen entsprechend, überwiegend aus Spezialkräften, von denen ein Teil im Ausland ausgebildet worden ist. Allein im Servicebereich des Unternehmens sind etwa 150 Kräfte tätig. Da es sich bei den an führender Stelle im Unternehmen tätigen deutschen Mitarbeitern um besonders hochqualifiziertes Personal handelt, sind deren Positionen in der Regel doppelt besetzt, um bei Ausfällen nicht in Schwierigkeiten zu geraten.

Im Rahmen der umfangreichen Beratungstätigkeit werden Konzeptionen für komplette Betriebsanlagen oder wesentliche Teile hiervon entwickelt. So wird beispielsweise beim Aufbau einer neuen Fabrikationsstätte vielfach die gesamte elektrische Energieversorgung und Klimatisierung von den Spezialisten des Handelshauses geplant und installiert. Eine intensive Beratungstätigkeit ist jedoch nicht nur im Bereich des Engineering erforderlich, sondern auch auf anderen Gebieten. So werden z. B. beim Absatz von pharmazeutischen Artikeln spezielle Ärzteberater eingesetzt. Ferner werden Universitäten, Hospitäler und öffentliche Dienststellen bei Fertigstellung ihrer Investitionspläne beraten.

Die Firma unterhält eine große Werkstatt, die von deutschen Ingenieuren und Fachkräften geleitet wird. Ihr obliegt die Planung und der Zusammenbau elektrischer Kraftanlagen und Kontrollsysteme, der Zusammenbau und die Installation von Pumpenanlagen, Wasseraufbereitungsanlagen, Generatoren, Dampfkesseln, die Planung und Installation von Klimaanlagen, Telefonanlagen u. dgl. mehr. Auch Wartung und Reparatur gehören zum Aufgabengebiet der Werkstatt.

Eigene Produktion wird, abgesehen von der Anfertigung kleinerer Zusatz- und Verbindungsteile, die sich häufig im Rahmen des Zusammenbaues von Aggregaten als notwendig erweist, bisher nicht betrieben. Die Unternehmensleitung plant jedoch eine Entwicklung in dieser Richtung für die nächsten Jahre.

Etwa 70—80 % des gesamten Umsatzes entfallen auf das eigenfinanzierte Lagergeschäft. Die Auslieferung der Waren erfolgt z. T. mit eigenen Fahrzeugen, daneben im Rahmen einer engen Zusammenarbeit mit der staatlichen Transportorganisation ETO (Express Transport Organisation).

Die große Bedeutung, die qualifiziertem Fachpersonal der verschiedensten Sparten im Rahmen der unternehmerischen Aktivitäten zukommt, erfordert eine ständige und intensive Weiterbildung der Mitarbeiter. Hierzu wird sowohl der Weg der externen als auch der internen Schulung beschritten. Die externe Ausbildung erfolgt durch Teilnahme der Mitarbeiter an Seminaren, die von verschiedenen Organisationen und Beratungsfirmen, u. a. der Thai Management Association, regelmäßig veranstaltet werden, z. T. auch durch Entsendung von Mitarbeitern ins Ausland, z. B. nach Deutschland, Japan oder den USA. Die interne Ausbildung findet weitgehend im Rahmen der geschäftlichen Aktivitäten und der Zusammenarbeit der Mitarbeiter mit Spezialisten der vertretenen Herstellerfirmen statt. Deutschen Spitzenkräften kommt im Rahmen der internen Weiterbildung eine besonders wichtige Aufgabe zu. Sie sind nicht zuletzt unter Berücksichtigung ihrer Befähigung zur Lehrtätigkeit ausgewählt worden.

In den zurückliegenden Jahren haben sich immer wieder gut ausgebildete thailändische Kräfte selbständig gemacht. Mit den so entstehenden Firmen werden in der Regel freundschaftliche Geschäftsbeziehungen unterhalten, zumal sich diese Firmen nicht selten als gute Mittler zum Markt erweisen.

Der Absatzfinanzierung kommt im Rahmen der Geschäftstätigkeit eine außerordentlich große Bedeutung zu. Sie ist neben der intensiven Ausübung von Beratungs- und Servicefunktionen eines der Hauptinstrumente der Verkaufsförderung. Die Kreditgewährung an die Abnehmer, u. a. in Form von Teilzahlungskrediten, erfolgt nach Aussagen der Firmenleitung großenteils aus eigenen Mitteln. Spezielle Risikoabsicherung ist in Thailand nicht möglich. Zwar werden die Warenlieferungen teilweise unter Eigentumsvorbehalt vorgenommen, doch ist eine solche Sicherungsklausel angesichts der landesspezifischen Verhältnisse praktisch wertlos. Auf Grund der vielfach unzureichenden Zahlungsmoral der Abnehmer mußten oft beträchtliche Beträge abgeschrieben werden.

Eine Ausübung der Kreditfunktion in so intensivem Maße wird vor allem auch dadurch ermöglicht, daß in den zurückliegenden Jahren nur in bescheidenem Umfang eine Gewinnentnahme und -transferierung nach Deutschland erfolgte. Die Mittel wurden zum überwiegenden Teil im Unternehmen investiert.

Jos. Hansen & Söhne, Außenhandelsges. mbH, Hamburg

Das 1919 gegründete Unternehmen betätigt sich fast ausschließlich als Exporteur. Die ursprünglich offene Handelsgesellschaft Jos. Hansen & Söhne, Hamburg, wird unter demselben Namen als Kommanditgesellschaft weitergeführt und befaßt sich mit dem Holzimport. Sie unterhält umfangreiche Lagereinrichtungen sowie ein Säge- und Hobelwerk im Hamburger Hafen. In Ghana wurde zusammen mit der dortigen Tochtergesellschaft Jos. Hansen & Söhne (Ghana) Ltd. und einer lokalen Gruppe ein Sägewerk errichtet, das sowohl die Versorgung des lokalen Marktes als auch den Export von gesägten Hölzern nach Europa betreibt. Die Holzimporte der Hamburger Firma kommen ganz überwiegend aus Entwicklungsländern.

Das Exportgeschäft wird ohne Ausnahme mit Entwicklungsländern betrieben. Die Geschäftskontakte erstrecken sich auf Afrika (Liberia, Elfenbeinküste, Ghana, Togo, Dahomey, Niger, Nigeria, Kamerun, Sudan, Äthiopien, Kenia, Uganda, Tansania, Malawi, Sambia, Madagaskar), den mittleren Osten (Kuwait, Sultanat Arabischer Golf, Südyemen, Yemen, Saudi-Arabien, Libyen) und Ostasien (Singapur, Philippinen, Malaysia, Thailand).

Das Exportprogramm besteht aus Maschinen und Anlagen, Fahrzeugen und Ersatzteilen, Chemikalien, Pharmazeutika, Fotoartikeln etc.

Die Firma Jos. Hansen & Söhne, Außenhandelsges. mbH, unterhält Tochtergesellschaften in Liberia, Ghana, Nigeria, Sudan, Äthiopien, Kenia, Tansania, Uganda, Togo, Dahomey, Sambia, Malawi und Madagaskar. In anderen Ländern wie der Elfenbeinküste, Libyen, Saudi-Arabien, Südyemen, Yemen, Kuwait und Arabischer Golf, Singapur und Malaysia, Thailand, Philippinen ist das Unternehmen durch Delegierte vertreten. Daneben bestehen in einigen Entwicklungsländern (Ghana, Nigeria, Kenia, Madagaskar, Sambia, Niger) Partnerschaftsverhältnisse mit anderen Firmen bzw. Beteiligungen an diesen. In den eigenen Niederlassungen in Entwicklungsländern beschäftigt die Firma Jos. Hansen & Söhne rd. 1 400 Personen, darunter etwa 1 300 Einheimische. In den Unternehmen, an denen Jos. Hansen & Söhne beteiligt ist (Textilfabriken, Umkehranstalten etc.), arbeiten ca. 2 500 Personen, ganz überwiegend einheimische Kräfte.

Jos. Hansen & Söhne vertritt auf allen Gebieten seines Exportprogramms bedeutende deutsche und ausländische Industrie- und Dienstleistungsunternehmen wie etwa das Volkswagenwerk, Daimler-Benz, Massey-Ferguson, Farbenfabriken Bayer AG, Schering AG, C. H. Boehringer, Mannesmann, Robert Bosch GmbH, Agfa-Gevaert AG und viele andere.

Geschäftspartner in den Entwicklungsländern sind überwiegend private einheimische Unternehmen, daneben spielen jedoch auch Geschäfte mit staatlichen Stellen bzw. Staatshandelsgesellschaften eine Rolle.

Aufgrund der großen Bedeutung technischer Güter im Exportprogramm der Firma kommt der Beratung und der Vermittlung von technischem und ökonomischem know-how, der Montage sowie dem After-Sale-Service eine ganz wesentliche Bedeutung zu. Die Art der Geschäftstätigkeit macht ferner in erheblichem Umfange Finanzierungshilfen für die Geschäftspartner in den Entwicklungsländern erforderlich. Die Laufzeiten der gewährten Kredite betragen bei Normallieferung bis zu 180 Tagen, bei Anlagen drei bis fünf Jahre. Soweit in Entwicklungsländern für den Export interessante Produkte hergestellt werden, ist man bemüht, diese in das eigene Vertriebsprogramm aufzunehmen und ihre Vermarktung besonders zu fördern.

Die Firma schenkt im Rahmen ihrer Aktivitäten auch der Ausbildung von einheimischen Kräften große Aufmerksamkeit. In eigenen Lehrwerkstätten werden vor allem Mechaniker ausgebildet.

Die Fa. Jos. Hansen & Söhne will das Entwicklungsländergeschäft in den kommenden Jahren weiter intensivieren. Es bestehen hierzu bereits konkrete Pläne. In Niger wird eine Ölmühle errichtet, die Ende 1971/Anfang 1972 mit der Produktion beginnen wird. Die Textilfabrik in Madagaskar wird in ihrer Kapazität verdoppelt. Weitere Industrie-Projekte an der Elfenbeinküste, in Togo und in Kamerun sind in Vorbereitung.

Illies & Co., Hamburg

Die Vorgängerin des Außenhandelshauses Illies & Co. wurde 1859 in Nagasaki/Japan unter dem Namen L. Kniffler & Co. gegründet. Diese Firma baute zahlreiche Niederlassungen an den Hafenplätzen in Japan auf. In Düsseldorf wurde ein Zweigunternehmen errichtet, das als europäisches Einkaufshaus fungierte. Im Jahre 1880 übernahm Carl Illies die Japan-Firma und führte sie unter seinem Namen weiter. Auch das Düsseldorfer Filialunternehmen wurde nun unter dem Namen Illies betrieben. 1888 erfolgte die Verlegung des Unternehmens nach Hamburg. Durch den ersten Weltkrieg stark angeschlagen, mußte die Firmenorganisation in der Nachkriegszeit neu aufgebaut werden. Der zweite Weltkrieg brachte dann den nahezu völligen Zusammenbruch. Erst in den fünfziger Jahren konnte in größerem Stile an den Wiederaufbau im Ausland herangegangen werden. Heute unterhält das Unternehmen Tochtergesellschaften bzw. Niederlassungen in Japan (Tokio und Osaka), in Seoul/Südkorea (seit 1958), Manila/Philippinen (1967), Bangkog/Thailand (1969), Hongkong (1969), Taipeh/Formosa (1967), Saigon/Vietnam (1966) und Pnom Penh/Kambodscha (1966).

Das Hamburger Handelshaus betätigt sich heute sowohl im Import- wie im Exportgeschäft. Das Schwergewicht — rd. 90 % des Gesamtumsatzes — liegt in der Warenausfuhr. Die Importe kommen ausschließlich aus Entwicklungsländern. Von den wertmäßigen Exporten gehen rd. drei Viertel in Entwicklungsländer. Zum Exportprogramm gehören vor allem Spezialmaschinen (wie Textilmaschinen, Werkzeugmaschinen, Verpackungsmaschinen) und komplette technische Anlagen. Importiert werden Rohtextilien.

Für die heutigen Aktivitäten des Handelsunternehmens in den Entwicklungsländern mag das erst 1969 gegründete, aber in rascher und erfolgreicher Entwicklung begriffene Tochterunternehmen in Bangkok/ Thailand, Illies Continental Comp. Ltd., als Beispiel dienen. Diese Firma beschäftigte Anfang 1971 15 Mitarbeiter, davon 13 Einheimische. Das Firmenkapital befindet sich je zur Hälfte in Händen des Hamburger Unternehmens und eines in Thailand ansässigen deutschen Geschäftspartners.

Zum Lieferprogramm des Handelshauses gehören vor allem Textilmaschinen, Druckerei- und Papiermaschinen, Verpackungsmaschinen sowie technische Anlagen verschiedenster Art, wobei namhafte Hersteller vertreten werden. Auf dem Fasersektor, der ebenfalls eine Rolle spielt, wird eng mit der Fa. Hoechst zusammengearbeitet. Eine spezielle Tochtergesellschaft betreibt ausschließlich das Eisenbahngeschäft, dem eine besonders große Bedeutung zukommt. Export aus Thailand wird bisher nicht betrieben, ist jedoch geplant.

Aufgrund der großen Bedeutung des Geschäftes mit Maschinen und technischen Anlagen spielt technische Beratung der Abnehmer eine wesentliche Rolle. Vor dem Verkauf müssen in der Regel komplette Projektplanungen sowie Wirtschaftlichkeitsberechnungen und Marktstudien durchgeführt werden. Da die Kunden in der Regel nur ungenaue Planvorstellungen haben, müssen durchkalkulierte Alternativlösungen angeboten werden. Die hierzu erforderlichen Vorarbeiten beginnen vielfach bereits bei der Prüfung der Fundamente für die Errichtung von Gebäuden, die Prüfung der vorhandenen Energiequellen und ihrer Kapazität etc. und enden erst bei der Festlegung der möglichen und geeigneten Produktionsverfahren. Hierbei wiederum ist es notwendig, im einzelnen zu bestimmen, welche Maschinen mit welcher Kapazität in welcher Anordnung eingesetzt werden müssen. Bei sehr komplizierten Projekten werden für diese Beratungstätigkeit Spezialisten aus anderen Illies-Unternehmen herangezogen, z. B. im Falle des Aufbaues einer Wirkerei ein entsprechender Spezialist aus Manila.

Auch bei der Montage und den damit zusammenhängenden technischen Arbeiten wirken die Spezialisten der Firma mit (Einstellen, Nachstellen, Adjustieren der Maschinen etc.). Sie unterstützen hierbei die Fachkräfte der vertretenen Herstellerwerke. Der After-Sale-Service (wie Wartung, Inspektion und Reparaturen) liegt weitgehend in den Händen der Service-Ingenieure der Handelsfirma.

Die erforderliche laufende Weiterbildung der Mitarbeiter erfolgt vor allem auf die Weise, daß man geeignete Kräfte nach Deutschland zu den vertretenen Herstellerfirmen entsendet. Das gilt vor allem für technische Kräfte (Ausbildung zu Service-Ingenieuren), aber auch für Verkaufspersonal. Die im Büro beschäftigten Mitarbeiter werden im Rahmen lokaler Ausbildungskurse weitergeschult.

Eine Spezialität der Firma ist ein Musterdienst für die Kunden auf dem Textilsektor. Wenn ein Kunde mit einem gewebten oder gewirkten Stoffmuster kommt und einen für ihn interessanten Absatzartikel darin sieht, so werden ihm der zur Herstellung des gleichen oder ähnlichen Materials erforderliche Maschinenpark zusammengestellt, Kapazität und Rentabilität berechnet und schließlich die Maschinen und Anlagen geliefert.

Die Lagerhaltung spielt im Rahmen der gesamten Geschäftstätigkeit nur eine sehr untergeordnete Rolle. Nur etwa 3 % des Umsatzes entfallen auf Verkäufe ab Lager. Die Auslieferung der Waren erfolgt in diesem Falle durch einen firmeneigenen Auslieferungsdienst.

Neben dem Verkauf an Privatfirmen und Handelsunternehmen spielen auch Regierungsgeschäfte eine große Rolle. Das gilt insbesondere für die Lieferung von Eisenbahnanlagen und -materialien.

Die Absatzfinanzierung erfolgt zum Teil über das Hamburger Haus unter Einschaltung von Banken und Absicherung durch Hermes, zum Teil gewähren die vertretenen Herstellerfirmen Kredite. Nicht zuletzt aber wird auch lokal finanziert, was vor allem bei Regierungsgeschäften der Fall ist.

Jebsen & Jessen, Hamburg

Das Außenhandelsunternehmen Jebsen & Jessen wurde 1895 in Hongkong gegründet. Es übernahm Vertretungen bedeutender deutscher Industriefirmen. In den folgenden Jahren wurden Filialen in mehreren Städten Chinas errichtet. Erst später erfolgte die Gründung einer Firma in Hamburg. Das durch den ersten Weltkrieg unterbrochene Honkong-/China-Geschäft wurde schon bald nach Kriegsende wieder aufgenommen. Der zweite Weltkrieg führte zum völligen Zusammenbruch der Aktivitäten. Nach dem Kriege mußte die Unternehmensorganisation neu aufgebaut werden. Das Hamburger Haus — 1951 wiedererrichtet — betätigt sich heute im Import- und Exportgeschäft. Rund 80 % seines Gesamtumsatzes entfallen auf Wareneinfuhren, nur 20 % auf den Export. Von den gesamten wertmäßigen Einfuhren kommen rd. 50 % aus Entwicklungsländern (einschl. China 100 %), während von den Ausfuhren rd. 90 % in Entwicklungsländer gehen. Importiert werden Federn, Därme, Eiprodukte, Konserven, Textilien, Schuhe, Lederhandschuhe und Schirme. Das Export-Programm besteht vorwiegend aus technischen Anlagen und Maschinen sowie Chemikalien.

Der Betätigungsschwerpunkt des Handelshauses im Ausland liegt heute wieder in Hongkong. Das dort ansässige selbständige und völlig unabhängig vom Hamburger Haus agierende Unternehmen hat rd. 1 000 Beschäftigte, darunter 950 Einheimische. Neben der Lufthansa und Hapag Lloyd werden in Hongkong im wesentlichen das Volkswagenwerk, BASF, Siemens, Degussa, E. Merck, Schering, Agfa-Gevaert und Bosch vertreten.

In den sechziger Jahren wurden Niederlassungen bzw. Tochterfirmen in Malaysia (1964 in Kuala Lumpur), Singapur(1964), Thailand (1968 in Bangkok) und in Indonesien (Djarkarta 1970) errichtet.

Im Rahmen dieser Studie wurden die Aktivitäten der Handelshäuser in Singapur und Bangkok näher untersucht. Die Fa. Jebsen & Jessen (S) Pte. Ltd. Singapur beschäftigt rd. 100 Personen, davon 98 Einheimische. Zum Einzugsgebiet des Unternehmens gehören neben Singapur Malaysia und Indonesien. Das Warenprogramm besteht vorwiegend aus hochwertigen technischen Produkten. Das Unternehmen ist organisatorisch in eine Reihe von Abteilungen gegliedert, die die einzelnen Produktprogramme betreuen. Es bestehen spezielle Fachabteilungen für technische Anlagen und Maschinen, Chemikalien, wissenschaftliche und optische Geräte, Fotoartikel, elektrotechnische Haushaltsgeräte, Rundfunk- und Phonoartikel sowie Schreibwaren. In den einzelnen Warenbereichen werden bedeutende deutsche Firmen, aber auch Hersteller aus anderen Ländern vertreten. Im Chemiebereich handelt es sich bei den laufend vertretenen Unternehmungen um Firmen wie Degussa und Boehringer, im Bereich der wissenschaftlich-optischen Geräte sind es Hersteller wie Zeiss, die Sartorius-Werke, Marwitz & Hauser, im Fotobereich Bosch, Jos. Schneider, Zeiss Ikon Voigtländer, bei elektrotechnischen Haushaltsgeräten die Rowenta-Werke, bei Rundfunk- und Phonoartikeln die Grundig-Werke, Dual Gebrüder Steidiger, die Badische Anilin- und Soda-Fabrik AG (Tonbänder und Kassetten) und bei Schreibwaren das Unternehmen Faber-Castell.

Jede Fachabteilung operiert weitgehend selbständig. Die Leiter der Fachabteilungen sind nahezu ausschließlich einheimische Kräfte, die im Turnus von etwa zwei Jahren zur Weiterbildung und Auffrischung der Fachkenntnisse nach Deutschland geschickt werden. Innerhalb der einzelnen Abteilungen spielt das großenteils technisch geschulte Verkaufspersonal die größte Rolle.

Das Handelsunternehmen betreibt in erheblichem Umfang Eigengeschäfte, d. h. ein großer Teil der gehandelten Produkte wird auf eigene Rechnung beschafft und verkauft. Das erfordert eine umfangreiche Lagerhaltung. Rund zwei Drittel des Gesamtumsatzes entfallen auf den Verkauf ab Lager. Der Umfang der wertmäßigen Lagerbestände entspricht etwa dem Umsatz von drei Monaten bei den entsprechenden Artikelgruppen.

Da in erheblichem Umfang technische Anlagen und Maschinen sowie andere hochwertige technische Erzeugnisse geliefert werden, kommt der Beratung sowie Erfüllung technischer Funktionen große Bedeutung zu. Für hochwertige technische Konsumgüter hat das Unternehmen einen 24-Stunden-Service eingeführt, der jedes hereinkommende reparaturbedürftige Gerät innerhalb von 24 Stunden wieder funktionsfähig zu machen und auszuliefern hat. In dieser Service-Gruppe werden 10 Mechaniker beschäftigt; einige hiervon haben die spezielle Funktion, neuangelieferte Geräte einer eingehenden Funktions- und Qualitätskontrolle zu unterziehen, eine Aufgabe, die sich als unerläßlich erwiesen hat, da auf den langen Transportwegen häufig Schäden auftreten oder bestimmte Geräteteile (z. B. Röhren) überhaupt fehlen. Die Warenauslieferung erfolgt mit Hilfe eigener Spezialfahrzeuge.

Die Geschäftspartner der Firma sind in erster Linie private Unternehmen, großenteils lokale Groß- und Einzelhändler, daneben aber auch staatliche Stellen. Das Unternehmen betreibt — dem breiten und umfangreichen Warenprogramm entsprechend — rege Verkaufsförderung. So belaufen sich allein die jährlichen Werbeausgaben auf über 400 000 S$. Das Verkaufsförderungsprogramm umfaßt u. a. Ausstellungen sowie Schulungskurse für Abnehmer aus dem Einzelhandel. Das Kursprogramm soll in den nächsten Jahren erweitert werden. Darüber hinaus werden ausgewählte Kunden (Händler) nach Deutschland eingeladen, um ihnen moderne Produktionsverfahren und -techniken bei den von ihnen geführten Artikeln vorzuführen und sie noch besser mit der Verwendungs- und Leistungsfähigkeit der gehandelten Produkte vertraut zu machen.

Im Rahmen der Absatzfinanzierung werden den Kunden in der Regel Zahlungsziele von 90—120 Tagen gewährt, wobei es für diese Kredite in der Regel keine Absicherung gibt. Die Kreditgewährung erfolgt aus eigenen Mitteln des Handelsunternehmens. Die der Fa. Jebsen & Jessen von den Lieferanten eingeräumten Kredite haben eine Laufzeit von höchstens 60 Tagen. In vielen Fällen wird kein Zahlungsziel gewährt. Das Unternehmen erfüllt somit in beachtlichem Maße Finanzierungsfunktionen.

Die 1968 gegründete Niederlassung Jebsen & Jessen in Thailand (Bangkok), die inzwischen zu einem rechtlich selbständigen Handelsunternehmen ausgebaut wurde, beschäftigt zehn Kräfte, davon neun Einheimische. Es werden Autoersatzteile und -zubehör, Chemikalien und Pharmazeutika, Fotoartikel sowie eine Vielzahl sonstiger Artikel geführt. Diese Warengruppen werden im Rahmen entsprechender Fachabteilungen betreut. Bei Autoersatzteilen und -zubehör besorgt das Hamburger Stammhaus die Offerten direkt bei den Teile- und Zubehörlieferanten der Autoindustrie. Zu den vertretenen Firmen gehören z. T. Großunternehmen wie Demag oder Zeiss Ikon, Bauer und Metz. Neben deutschen Herstellern werden auch namhafte Firmen aus anderen Industrieländern vertreten, z. B. Vivitar (Japan), Paterson (England) und Posso (Frankreich).

Geschäftspartner des Unternehmens sind nahezu ausschließlich private Unternehmen, etwa je zur Hälfte lokale Großhandelsunternehmen und Industriefirmen. Die Kundenstruktur weicht allerdings bei den einzelnen Produktgruppen mehr oder weniger stark von diesem Durchschnitt ab und unterliegt erheblichen Veränderungen.

Die Absatzfinanzierung ist je nach Produktgruppe unterschiedlich. Autoersatzteile und -zubehör werden nur auf Akkreditivbasis, also ohne spezielles Risiko, geliefert, bei Chemikalien werden langjährigen Kunden Wechselkredite mit einer Laufzeit bis zu 180 Tagen eingeräumt. Diese Kredite werden vom Hamburger Stammhaus bei Hermes unter dem üblichen Selbstbehalt abgesichert. Daneben werden den Kunden bei Lagergeschäften jedoch auch ungesicherte Kredite mit kürzeren Laufzeiten gewährt, für die teilweise vom Hamburger Stammhaus die Mittel zur Verfügung gestellt werden. Bei Fotoartikeln wird den Abnehmern ebenfalls in der Regel ein Zahlungsziel von 180 Tagen eingeräumt, wobei keine spezielle Absicherung erfolgt. Die von den Lieferanten gewährten Kredite haben eine Laufzeit von 30, 60 und 90 Tagen. Diese Finanzierungsmodalitäten zeigen, daß auch von dem Handelsunternehmen Jebsen & Jessen in Bangkok in recht erheblichem Umfange Finanzierungsfunktionen erfüllt werden.

Gebr. Kulenkampff, Bremen

Dieser bedeutende Tabakimporteur — einer von etwa 25 in der BRD — bezieht 90—95 % seiner Einkäufe direkt aus Entwicklungsländern, und zwar aus Domingo, Kolumbien, Brasilien, Paraguay, Südkorea, den Philippinen, Thailand und Indonesien. In fast allen diesen

Ländern ist das Unternehmen mit eigenen Niederlassungen (Einkaufsbüros und Aufbereitungsanlagen) vertreten. Im Durchschnitt sind die Niederlassungen ständig mit zwei bis drei Deutschen und fünf bis zehn Einheimischen besetzt, während der Manipulation schnellen die Beschäftigtenzahlen auf 150 bis 300 Personen hoch. In der seit 1958 bestehenden philippinischen Niederlassung werden sogar ca. 400 Arbeitskräfte beschäftigt. In Südkorea werden in vier Fabriken 200 bis 400 Arbeitskräfte beschäftigt. Im Jahre 1970 wurde dort eine Rohtabakaufbereitungsanlage für rd. $ 150 000,— installiert, eine zweite Anlage für rd. $ 200 000,— ist geplant, nachdem das staatliche Tabakmonopol ein langfristiges Lieferversprechen abgegeben hat. In Thailand sind Investitionen von ca. $ 100 000,— vorgenommen worden. In der Regel kaufen die Niederlassungen den Tabak direkt von den Plantagen bzw. den Bauern oder deren Genossenschaften, in Korea über eine beauftragte Firma vom staatlichen Tabakmonopol.

Entwicklungspolitisch relevant ist neben dem Beschäftigungsaspekt vor allem der Finanzierungsaspekt. Im Gegensatz zu früher ist heute im Tabakgeschäft eine sehr langfristige Vorfinanzierung der Tabakkäufe durch den Handel (Erntevorschüsse an die Bauern) erforderlich. Diese Finanzierung ist äußerst kostspielig und riskant.

Lohmann & Co., Bremen

Das im Jahre 1901 gegründete Außenhandelsunternehmen betätigt sich sowohl im Import- als auch im Exportgeschäft, wobei das Schwergewicht in der Wareneinfuhr liegt. Von den gesamten wertmäßigen Einfuhren entfallen jedoch nur rd. 10 % auf Importe aus Entwicklungsländern, während vom wertmäßigen Export 90 % in Entwicklungsländer gehen. Im Exportgeschäft werden vor allem mit folgenden Ländern Geschäftsbeziehungen unterhalten: Indien, Pakistan, Ceylon, Hongkong, Kolumbien, Peru, Mozambique, Nigeria, Kenia und Iran. Das Warenprogramm umfaßt hierbei Maschinen und Anlagen, Fahrzeuge, Industriechemikalien, Halbzeug und Schreibmaschinen. Importiert werden hauptsächlich Wolle aus den bekannten Wollproduktionsländern sowie Perücken aus Hongkong und Südkorea.

Lohmann & Co. unterhält Tochtergesellschaften bzw. Beteiligungen in den Entwicklungsländern Pakistan, Ceylon, Kolumbien, Peru und Mozambique. Die Handelsgesellschaft in Pakistan wurde 1953 unter dem Namen Burhan Engineering Co. Ltd. zusammen mit pakistanischen Partnern gegründet (Joint Venture). Das Kapital befindet sich zu 51 % in Händen der pakistanischen Partner, zu 49 % in Händen von Lohmann & Co., Bremen. Das Unternehmen beschäftigt 51 Personen, davon 46 Einheimische. Ein Großteil der Beschäftigten ist ausgebildetes technisches Personal. Das Hauptbüro der Firma befindet sich in Karachi (30 Beschäftigte), Zweigniederlassungen sind in Lahore (15 Beschäftigte) und in Dakka/Ostpakistan (6 Beschäftigte).

Die Fa. Burhan Engineering hat feste Vertretungsverträge mit über 100 Industrieunternehmen, hauptsächlich deutschen und englischen Herstellern. Daneben werden Produzenten aus zahlreichen anderen Ländern (z. B. Schweiz, Schweden, Dänemark, Frankreich, Holland, Kanada) vertreten. Durch diese Breite sollte die Möglichkeit geschaffen werden, aus einem möglichst umfassenden Vertretungsangebot die für eine optimale technische Projektlösung geeigneten Anlagen und Maschinen auswählen zu können. Unter den Produzenten finden sich Firmen wie Degussa, Krupp, Deckel, Lindemann und Seitz.

Den Schwerpunkt des Lieferprogramms bilden Textilmaschinen für alle Stufen des textilen Produktionsprozesses sowie das Zubehör und die Ersatzteile für diese Maschinen. Daneben werden Anlagen und Maschinen für die Nahrungsmittelindustrie geliefert. Hierbei handelt es sich z. B. um Maschinen für Käsereien und Buttereien, Flaschenabfüllanlagen für die Getränkeindustrie (Herstellung von Zitrussäften), Maschinen für Bäckereien, für die Herstellung von Bonbons und Essenzen. Ferner werden in beachtlichem Umfange Chemikalien abgesetzt. Hinzu kommen Einzelvertretungen für Großanlagen und Geräte wie Dampfkessel und Bagger. Die Fa. Burhan Engineering hat sich im Schwergewicht ihrer Geschäftstätigkeit auf die Errichtung von Kleinindustrien in kleineren Gemeinden und Städten spezialisiert.

Die Geschäftspartner der Firma sind in erster Linie private einheimische Unternehmen, daneben staatliche Stellen wie die Pakistan Industries Development Corp. oder das Verteidigungsministerium (eigene Molkereien).

Dem Lieferprogramm entsprechend muß das Unternehmen in erster Linie technische Funktionen erfüllen. Dem Verkauf geht durchweg eine eingehende Beratung der Abnehmer in allen relevanten technischen und ökonomischen Fragen der geplanten Investition voraus. Es werden vielfach komplette Projektplanungen erarbeitet und hierzu auch die notwendigen Wirtschaftlichkeitsstudien durchgeführt. Die Montage nicht zu komplizierter Anlagen und Maschinen erfolgt in der Regel durch das technisch geschulte Personal der Firma. Auch der After-Sale-Service (Reparaturen, Umrüstungen etc.) wird in der Regel ohne fremde Hilfe durchgeführt. Bei größeren Projekten und sehr komplizierten technischen Problemen werden Spezialisten der vertretenen Werke herangezogen.

Die Monteure erfahren an Ort und Stelle in Zusammenarbeit mit den technischen Spezialisten der vertretenen Werke eine mehrjährige

Ausbildung. Besonders geeignete Kräfte werden anschließend in das Ausland nach Deutschland, England und andere Länder geschickt. Diese Mitarbeiter sind in der Lage, sich mit den technischen Neuheiten bei den vertretenen Herstellern hinreichend vertraut zu machen; sie können nach ihrer Rückkehr mit der Lösung technisch komplizierterer Probleme beschäftigt werden.

Fabrikation wird von Burhan Engineering bisher nicht betrieben, doch bestehen Pläne in dieser Hinsicht, die jedoch wegen der großen politischen Risiken bisher zurückgestellt wurden. Die Lagerhaltung (in Lahore) ist weitgehend auf Chemikalien beschränkt. Es wird ein eigenes Labor unterhalten, das sich mit Problemen der chemischen Oberflächenbehandlung von Metallen befaßt.

Die Absatzfinanzierung erfolgt weitgehend auf Akkreditivbasis und wirft damit unter dem Risikogesichtspunkt keine besonderen Probleme auf. Eine erhebliche Begrenzung der Absatzmöglichkeiten in Pakistan ist durch den chronischen Devisenmangel des Landes gegeben. Soweit von Industrieländern Kredite zur Verfügung gestellt werden, sind diese weitgehend an den Warenbezug aus den betreffenden Ländern gebunden. Dies war mit ein Grund dafür, daß die Fa. Burhan Engineering die Vertretung von Herstellern aus einer Vielzahl von Industrieländern übernommen hat.

Die Beteiligungsgesellschaft in Colombo/Ceylon wurde 1951 gegründet und firmiert unter dem Namen Diesel & Motor Engineering Co. Ltd.; sie steht unter deutscher Geschäftsleitung. Es werden rd. 300 einheimische Arbeitskräfte beschäftigt. Die Firma hat die Alleinvertretung von Daimler-Benz, Robert Bosch, Demag sowie Klöckner-Humboldt-Deutz. Es werden z. T. komplette Industrieanlagen (wie Zementfabriken, Gießereianlagen) geliefert. Die Firma unterhält ein größeres Reparaturwerk und hat seit einiger Zeit die Produktion von Fahrzeugteilen und Pflanzenschutzsprühgeräten aufgenommen.

Die 1954 in Mozambique gegründete Tochtergesellschaft steht unter portugiesischer Leitung. Sie befaßt sich hauptsächlich mit dem Vertrieb von Baumaschinen und unterhält darüber hinaus eine Reihe von deutschen Industrievertretungen, u. a. die des Krupp-Konzerns.

In Kolumbien besitzt die Fa. Lohmann & Co. seit 1962 eine Beteiligung an dem Handelshaus Held & Cia., S. A., für das sie praktisch als deutsches Confirming House fungiert. Dieses Unternehmen wurde 1886 in Barranquilla von dem Bremer Kaufmann Adolf Held unter dem Namen Gieseken & Held gegründet; es hat seither in erheblichem Umfang Pionierarbeit beim Aufbau der kolumbianischen Wirtschaft geleistet: Der deutsch-kolumbianische Handel wurde durch die Einfuhr- und Ausfuhrgeschäfte, die in enger Zusammenarbeit mit der 1894 gegründeten Schwesterfirma A. Held in Bremen abgewickelt wurden, erheblich ausgeweitet. Im Jahre 1912 wurde mit anderen Partnern die heute älteste Bank des Landes, die Antioquia-Bank gegründet. Unter dem Namen Gieseken & Held fuhren bereits kurz nach der Jahrhundertwende Dampfer auf dem Rio Magdalena, große Viehhazienden wurden in jenen Jahren gekauft und ausgebaut. Nach dem ersten Weltkrieg wuchs die Zahl der Handelsniederlassungen rasch an. Zum Arbeitsprogramm gehörten hauptsächlich Eisenwaren, Haushaltsartikel, Bleche, Röhren, Maschinen aller Art, Motoren, Generatoren und Schlepper. In den folgenden Jahren wurden zwei Werften gekauft, in denen Flußdampfer gebaut und repariert wurden. Das Tabakexportgeschäft wurde ausgebaut und u. a. die Alleinvertretung der Firmen Deutz (im Jahre 1925) und Siemens für Kolumbien übernommen.

Der Beginn des zweiten Weltkrieges führte zu starken Behinderungen im Geschäftsverkehr. Bis 1944 konnte der Betrieb noch aufrechterhalten werden, dann wurde das gesamte Firmenvermögen durch die kolumbianische Regierung beschlagnahmt. Im Jahre 1949 kam es nach Zahlung einer Kriegsschuldabgabe von 30 % des Firmenvermögens zur Wiederaufnahme der Geschäftstätigkeit. Die alten Verbindungen zu Deutz und Siemens konnten wieder aufgenommen werden. Allerdings wurde die Siemens-Vertretung im Jahre 1954 in eine Siemens-Tochtergesellschaft umgewandelt, doch blieb die personelle Verbindung zum Hause Held & Cia. durch die Berufung von Walter Held als Präsident der Siemens Colombiana Ltda. erhalten. In den folgenden Jahren wurde das Land mit einem Netz von 13 Service- und Verkaufsniederlassungen überzogen. Insgesamt werden 55 Arbeitskräfte beschäftigt, darunter auch deutsche Techniker für Projektberatung, Montage und Reparaturen. Held unterhält die größte Serviceorganisation aller deutschen Firmen in Kolumbien. Auf der Exportseite spielt Held & Cia. eine bedeutende Rolle im Tabakgeschäft, das systematisch ausgeweitet wurde.

Die seit 1964 bestehende Tochtergesellschaft Autec Automotores y Equipos S. A. in Lima/Peru beschäftigt 64 Kräfte, darunter 62 Einheimische. Das Unternehmen befaßt sich ausschließlich mit dem Vertrieb von Daimler-Benz-Fahrzeugen (Alleinvertretung). Daneben wird Handel mit Ersatzteilen und Zubehör betrieben.

C. Melchers & Co., Bremen

Nach Gründung des Stammhauses in Bremen im Jahre 1806 wurde 1866 die Fa. Melchers & Co. in Hongkong errichtet. Diese Firma eröffnete in der Folgezeit eine Reihe von Niederlassungen in China (1877 in Shanghai, 1884 in Hankow, 1892 in Canton, 1898 in Tientsin, 1901 in Chinkiang und Ichang, 1909 in Changking und 1910 in Tsingtao).

Durch den ersten Weltkrieg wurde die Geschäftstätigkeit in Hongkong und China unterbrochen, die meisten Investitionen gingen verloren. In den zwanziger Jahren erfolgte der Wiederaufbau; 1927 wurde zusätzlich zu den vor dem ersten Weltkrieg errichteten Niederlassungen in China eine Filiale in Swatow aufgebaut, 1937 folgte die Gründung weiterer Niederlassungen in Peking und Mukden. Von den China-Niederlassungen wurden zahlreiche Landesprodukte bearbeitet und gehandelt, z. B. Häute und Felle, Wolle und Haare, Federn, Därme, Öle und Ölsaaten, Eiprodukte, Wurzeln, Nüsse, Gewürze, Stickereien u. dgl. mehr. Die Produkte wurden in alle Welt exportiert. Nach China importiert wurden vor allem Eisen und Metalle, Kleineisenwaren, Chemikalien und pharmazeutische Artikel, Farben, Fotoartikel und optische Geräte, Textilien und Papierwaren. Durch den zweiten Weltkrieg und den Systemwechsel in China erlitt die Firma — wie andere alte Chinahäuser — den Totalverlust. Der erneute Aufbau von Auslandsfirmen und Niederlassungen erfolgte 1952 mit der Wiedererrichtung eines Handelshauses in Hongkong durch das Bremer Stammhaus. In den folgenden Jahren wurden weitere Niederlassungen aufgebaut (1953 in Windhoek, Südwestafrika, 1954 in Singapur, 1961 in Kuala Lumpur/ Malaysia, 1966 in Kuwait und 1967 in Dubai).

Das Bremer Handelshaus betätigt sich auch heute sowohl im Import- als auch im Exportgeschäft, wobei das Schwergewicht auf der Einfuhrseite liegt. Etwa drei Viertel vom Gesamtumsatz entfallen hierauf und nur ein Viertel auf die Ausfuhr. Von den wertmäßigen Einfuhren kommen jedoch nur knapp zwei Fünftel aus Entwicklungsländern, während von den wertmäßigen Lieferungen in das Ausland über vier Fünftel in Entwicklungsländer gehen. Die Lieferungen in Entwicklungsländer umfassen die Warengruppen Maschinen, Kraftfahrzeuge, Foto- und Fernsehgeräte, Werkzeuge und Metallwaren, Haushaltswaren, Textilien, Leder, Folien sowie Lebensmittel und Getränke. Aus Entwicklungsländern werden Textilien, Bettfedern, Haare, Futtermittel, ätherische Öle, Halbedelsteine, Schmuck und Metallwaren importiert.

Beispielhaft für die Aktivitäten des Unternehmens in Entwicklungsländern sei die Tätigkeit der Niederlassung in Singapur kurz skizziert. Diese Niederlassung wurde in den letzten Jahren erheblich vergrößert. Sie beschäftigte Anfang 1971 19 Personen, davon 16 Einheimische. Es handelt sich dabei überwiegend um Verkäufer, die vor der Aufnahme der Verkaufstätigkeit teilweise eine Ausbildung als Techniker absolviert haben. Zum Lieferprogramm gehören in erster Linie Maschinen, bei denen bekannte deutsche Hersteller und Produzenten aus anderen Industrieländern vertreten werden, so z. B. die Fa. Deckel für Werkzeugmaschinen oder die Fa. Traub für Drehautomaten. Schleifmaschinen werden im Auftrag der englischen Firma Newall abgesetzt. Eine große Rolle im Rahmen des Maschinenprogramms spielen Abpackmaschinen und Maschinen für die Dosenherstellung, ferner Maschinen, die in der Holzindustrie eingesetzt werden wie Sperrholzpressen oder Furniertrockner. Zum Lieferprogramm gehören jedoch auch Rohprodukte wie Polyester und Nylon, bei denen die Fa. Glanzstoff vertreten wird, ferner Kunstdünger (Ruhrstickstoff). Nicht zuletzt gehören Fotoartikel zum Warenprogramm.

Geschäftspartner der Niederlassung sind überwiegend private Handels- und Industriefirmen, daneben der Staat, der im Rahmen seiner intensiven technischen Ausbildungstätigkeit Maschinen benötigt.

Lagerhaltung wird von der Handelsniederlassung nur in relativ geringem Umfang betrieben, in erster Linie für Fotoartikel. Das Schwergewicht der Funktionserfüllung liegt in der Beratung der Abnehmer, in der Montage und im After-Sale-Service (Wartung, Reparatur, Umbauten etc.). Zur besseren Funktionserfüllung auf diesem Gebiet wird seit einiger Zeit mit einer speziellen Service-Firma (Induco) zusammengearbeitet, die im Auftrag von Melchers den laufenden Wartungsdienst wahrnimmt und Reparaturen etc. durchführt. Das Engagement bei der Installation bzw. Montage von Maschinen und Anlagen hängt weitgehend vom Schwierigkeitsgrad ab; bei komplizierten und teuren Objekten werden naturgemäß Spezialisten der Hersteller herangezogen.

Die starke Bedeutung der technischen Seite des Geschäfts macht eine ständige Weiterbildung der Mitarbeiter erforderlich. Hierzu werden besonders geeignete Kräfte nach Deutschland zu den zu vertretenden Firmen geschickt. Daneben erfolgt eine laufende Weiterbildung geeigneter Mitarbeiter im Rahmen von Kursen des National Productivity Board.

Die Handelsniederlassung berät in erheblichem Umfang deutsche Hersteller, die daran interessiert sind, ihre Produktion bzw. einen Teil davon in das Ausland, in diesem Falle nach Singapur, zu verlegen. Für die deutschen Hersteller werden in diesem Zusammenhang an Ort und Stelle alle Fragen geklärt, die mit einer solchen Investition in Zusammenhang stehen. Ein Beispiel für diese Art der Zusammenarbeit ist die Kooperation mit dem Rollei-Werk. Dieses Unternehmen wurde nach Aussage der Fa. Melchers eingehend über die günstigen Investitions- und Fertigungsmöglichkeiten in Singapur für Kameras und Blitzlichtgeräte beraten. Sobald die Fa. Rollei die Produktion in Singapur aufnimmt, ist eine weitere Zusammenarbeit in der Form geplant, daß Melchers aus dem asiatischen Raum elektronische Fertigungsteile für Rollei importiert. Die Fa. Melchers, Singapur, stand Anfang 1971 mit etwa 16 deutschen Herstellern in der Frage der Produktionsverlagerung in Verbindung.

Absatzfinanzierung wird von der Niederlassung im allgemeinen nicht betrieben. Eine Ausnahme hiervon besteht im Düngemittelgeschäft. Hier erfolgt eine Vorfinanzierung aus eigenen Mitteln bis zu 150 Tagen.

Arnold Otto Meyer, Hamburg

Das Handelsunternehmen kann auf eine 130jährige Firmengeschichte zurückblicken. Im Jahre 1840 wurde in Singapur von zwei Hamburger Kaufleuten die Import- und Exportfirma Behn, Meyer & Co. gegründet. Das Unternehmen entwickelte sich bis zum ersten Weltkrieg zu einem der bedeutendsten Handelshäuser Ostasiens. Im Jahre 1857 erfolgte die Gründung des Handelsunternehmens in Hamburg. Von Singapur ausgehend wurden in späteren Jahren Niederlassungen in Penang (1891), Manila (1900) und Sandakan/Brit. Nord-Borneo (1901) aufgebaut. Im Jahre 1906 wurde die bis dahin als offene Handelsgesellschaft betriebene Singapur-Firma in eine Limited Company umgewandelt (Behn, Meyer & Co. Ltd.). Das Aktienkapital übernahmen die Teilhaber der Fa. Arnold Otto Meyer. Die Hamburger Firma avancierte damit zur Muttergesellschaft des Singapur-Hauses und der dazugehörigen Niederlassungen. Es wurden weitere Büros und Niederlassungen in Indonesien errichtet. Im Jahre 1906 erfolgte von Hamburg aus die Gründung der Londoner Fa. Arnold Otto Meyer & Co. Das Unternehmen wurde durch den ersten Weltkrieg weitgehend zerstört. Nach erneutem Aufbau in den zwanziger und dreißiger Jahren brachte der zweite Weltkrieg den Totalverlust aller Auslandsfirmen und Niederlassungen. Erhalten blieb nur das Hamburger Haus.

Im Jahre 1953 wurde zusammen mit dänischen Kaufleuten in Djakarta/Indonesien die Fa. Meyer, Moller Ltd. gegründet, heute Arnold Otto Meyer Ltd. Ausgehend von dieser Firma wurden in den folgenden Jahren Zweigstellen in Bandung, Semarang, Surabaia und Medan aufgebaut. Die alte Singapur-Firma Behn, Meyer & Co. Ltd. wurde 1955 als Tochterunternehmen des Hamburger Hauses wiedererrichtet. Dieses Handelshaus entwickelte sich in den vergangenen Jahren außerordentlich erfolgreich; es wurden Filialen in Kuching und Kota Kinabalu (Sarawak bzw. Sabah) aufgebaut. Daneben besteht eine Schwesterfirma (Behn, Meyer [M] Sdn. Berhad) in Kuala Lumpur, der Filialen in Ipoh und Penang unterstehen. Im Zuge der geographischen Diversifikation wurde im Jahre 1965 eine Niederlassung in Kingston/Jamaica gegründet, die sich unter der Firma Arnold Otto Meyer (Jamaica) Ltd. inzwischen zum Kristallisationspunkt des gesamten Geschäfts mit dem mittelamerikanischen und karibischen Raum entwickelt hat.

Das Hamburger Stammhaus unterhält als Export-/Import-Firma Geschäftsbeziehungen in alle Welt. Vom Gesamtumsatz des Unternehmens entfallen etwa zwei Drittel auf die Wareneinfuhr und ein Drittel auf den Export. Das Entwicklungsländer-Geschäft spielt eine dominierende Rolle. Rund 90 % der Einfuhren kommen aus diesen Ländern und ein ebenso hoher Anteil der Lieferungen geht dorthin.

Das ursprüngliche Stammhaus in Singapur, dessen Aktivitäten im Rahmen dieser Studie untersucht wurden, beschäftigt heute etwa 150 Mitarbeiter, davon 142 Einheimische.

Zum Lieferprogramm des Handelshauses gehören vor allem Chemikalien, Pharmazeutika, Farbstoffe, Düngemittel und Pflanzenschutzmittel, Fotoartikel sowie Büromaschinen und -ausrüstungen. Daneben wird das technische Geschäft einschließlich des Anlagenbaues besonders forciert. Die sog. Sundries-Abteilung, die Konsumgüter importiert, hat sich in den letzten Jahren auch mit Erfolg in den Export von in Singapur hergestellten Produkten in die umliegenden Regionen eingeschaltet, wobei die Verbindungen der Schwesterfirmen eine Rolle spielten. Außerdem unterstützt die Singapurfirma die Importabteilungen des Hamburger Mutterhauses bei ihren umfangreichen Einkäufen in der Region.

Leiter der einzelnen Fachabteilungen sind z. T. europäische Mitarbeiter, z. T. einheimische Kräfte mit einschlägiger Vorbildung als Techniker, Chemiker, Agronomen etc. Im Chemie-Bereich werden u. a. die BASF vertreten, im technischen Geschäft große deutsche Hersteller wie Demag und AEG, im Fotobereich die Firmen Agfa und Rollei, im Büromaschinenbereich die Olympia-Werke.

Das Handelshaus in Singapur betreibt in großem Umfang Vorratshaltung. Der größte Teil des Umsatzes entfällt auf das Lagergeschäft. Die Warenauslieferung wird teils in eigener Regie und mit eigenen Fahrzeugen durchgeführt, teils in Zusammenarbeit mit Spediteuren oder anderen Handelsfirmen. So nehmen z. B. Lkw, die Rohgummi vom benachbarten Johore/Malaysia zum Hafen nach Singapur transportieren, auf dem Rückweg Düngemittel mit. Das Unternehmen produziert auch in kleinerem Umfange bestimmte technische Komponenten und führt den Zusammenbau von Elektroanlagen nach den spezifischen Wünschen der Kunden durch. Ferner wird ein Fotolabor unterhalten.

Der überwiegende Teil der Geschäfte erfordert eingehende Kundenberatung. Hierzu stehen die geschulten Fachkräfte zur Verfügung. Die Beratungstätigkeit erfolgt z. T. in enger Zusammenarbeit mit den vertretenen Herstellerunternehmen. Die Fachleute des Handelsunternehmens besuchen vielfach gemeinsam mit den Spezialisten der vertretenen Firmen die Kunden, um sie eingehend mit den Eigenschaften und Anwendungsmöglichkeiten der gelieferten Produkte vertraut zu machen, ihnen also das know how beizubringen. Der After-Sale-Service spielt eine ebenso große Rolle. Um diesen Service optimal durchführen zu können, wurde ein eigenes Tochterunternehmen gegründet, die Behn, Meyer & Company Industries (Pte) Ltd. Sie betreibt das Fotolabor und nimmt sämtliche technischen Service-Funktionen wie Wartung und Reparatur wahr. Für die Lösung der sehr komplizierten Probleme werden Spezialisten der vertretenen Werke herangezogen.

Besonders geeignete Kräfte werden zur Weiterbildung nach Deutschland geschickt. Die größere Bedeutung wird jedoch der Ausbildung im Unternehmen selbst im Rahmen des laufenden Geschäftsbetriebs beigemessen. Hierbei fällt insbesondere den Abteilungsleitern eine wichtige Funktion zu.

Der Kundenkreis des Handelsunternehmens besteht in erster Linie aus landwirtschaftlichen Betrieben wie Plantagen, daneben aus Groß- und Einzelhandelsunternehmen sowie in steigendem Maße aus Industriebetrieben. Der Staat hat als Kunde nur eine sehr untergeordnete Bedeutung.

Die Kreditfunktion spielt bei dem gegebenen Produktprogramm eine bedeutende Rolle. Besonders der Absatz von Düngemitteln, Pflanzenschutzmitteln etc. an landwirtschaftliche Betriebe erfordert in erheblichem Maße eine ständige Kreditierung. Die erhebliche Kreditgewährung des Singapur-Hauses wird durch entsprechende Kredite des Hamburger Stammhauses ermöglicht. Es werden revolvierende Kredite gewährt, die praktisch eine Dauerinvestition darstellen. Diese Kredite machen nach Aussagen des Hamburger Stammhauses ein Vielfaches dessen aus, was direkt an Kapital in die Auslandsniederlassungen investiert ist.

Münchmeyer Export GmbH, Hamburg

Das Unternehmen ist eine Tochtergesellschaft der Firma Münchmeyer & Co. Hamburg, die neben dem Exportgeschäft auch im Import- (Münchmeyer Import GmbH) und im Bankgeschäft (Schröder, Münchmeyer, Hengst & Co.) tätig ist. Die Export GmbH ist auf den Investitionsgütersektor spezialisiert; ihr Lieferprogramm umfaßt folgende Bereiche: Pumpen und Verdichter, Dieselmotoren und -aggregate, Baumaschinen, Maschinen für die keramische Industrie, Werkzeug- und Gießereimaschinen, Holzbearbeitungsmaschinen, Kunststoff- und Verpackungsmaschinen, Textilmaschinen, Maschinen für die Nahrungsmittelindustrie sowie vollständige Industrieanlagen. Die Münchmeyer Export GmbH arbeitet teilweise als Eigenhändler, wobei wegen der gesellschaftseigenen Bank die langfristige Finanzierung der Exporte eine große Rolle spielt, teilweise als Kommissionsvertreter der Industrie. Schwerpunkt der Tätigkeit ist Lateinamerika, wo zahlreiche Niederlassungen bzw. Geschäftsverbindungen mit kapitalmäßiger Beteiligung unterhalten werden.

Die lateinamerikanischen Partnerfirmen:

In Argentinien hält Münchmeyer eine 80%ige Beteiligung an einer Handelsfirma, deren Hauptaufgaben die Ersatzteil-Lagerhaltung und der Service für die gelieferten Maschinen und Anlagen sind; 20 % des Kapitals sind in argentinischen Händen. Die Niederlassung beschäftigt drei deutsche und vier argentinische Angestellte.

In Brasilien besteht eine Minoritätsbeteiligung an einer Produktions- und Handelsfirma. Über diese Firma, die Aggregate herstellt bzw. zusammenbaut, läuft ein großer Teil der Münchmeyer-Exporte nach Brasilien. Das Unternehmen beschäftigt neben 8 Deutschen und 10 Ausländern anderer Nationalität rd. 160 brasilianische Angestellte.

In Chile ist Münchmeyer zu 20 % an einer Maschinen- und Werkzeughandelsfirma beteiligt, deren restliches Kapital von chilenischen Staatsbürgern gehalten wird. Beschäftigt werden neben einem deutschen Geschäftsführer über 50 Chilenen.

In Peru besteht noch eine über 50%ige Beteiligung an einem Unternehmen, das Maschinen und Werkzeuge importiert und den VW-Vertrieb in Händen hat. Sie beschäftigt fünf Deutsche und 50—60 Peruaner.

In Kolumbien arbeitet die Hanseatica Ltda. als fast 100%ige Tochterfirma von Münchmeyer. Diese reine Handelsgesellschaft beschäftigt vier Deutsche, einen Deutsch-Kolumbianer, einen Österreicher und 13 Kolumbianer.

In Mexiko ist Münchmeyer durch die Atlántida Mexico S. A. vertreten, die neben 23 Mexikanern neun Europäer beschäftigt. Am Beispiel dieses Unternehmens sollen — stellvertretend für die Partnerfirmen in den übrigen lateinamerikanischen Ländern — die Aktivitäten Münchmeyers in Entwicklungsländern verdeutlicht werden. Atlántida Mexico S. A. wurde 1953 als rein mexikanisches Unternehmen mit einem Kapital von 100 000 $ (Pesos) gegründet. Die Münchmeyer Export GmbH trat 1957 als Aktionär in das Unternehmen ein; sie hält heute 75 % des auf 2,4 Mill. $ erhöhten Geschäftskapitals; 20 % sind in Händen der KSB, eines deutschen Produzenten, für den Atlántida früher die Vertretung in Mexiko hatte, die restlichen 5 % befinden sich bei den ehemaligen Aktionären. Bedingt durch Importrestriktionen wurde das Sortiment mehrfach geändert. Das Werkzeuggeschäft, das in den ersten Jahren des Bestehens der Firma eine große Rolle spielte, wurde völlig aufgegeben. das Geschäft mit Dieselmotoren stark eingeschränkt. In den Vordergrund traten demgegenüber Textilmaschinen, und zwar insbesondere seit 1959 die Vertretung der Union Matex GmbH, Frankfurt, die als Vertriebsgesellschaft einer Gruppe von neun deutschen Textilmaschinenherstellern fungiert. Weitere Textilmaschinenvertretungen kamen in den nächsten Jahren hinzu. Die Umsätze in diesem Geschäftszweig sind stark überdurchschnittlich gestiegen. Heute entfallen bereits zwischen 50 und 65 % des Geschäfts auf die Textilmaschinen-Abteilung. Etwa 12—15 % des Umsatzes werden im nationalen Geschäft im Rahmen der Alleinvertretung für die KSB Mexicana getätigt, einer gemeinsamen Gründung des deutschen Produktionsunternehmens KSB und der Münchmeyer Export GmbH.

Der restliche Umsatzanteil (20—35 %) entfällt noch auf das traditionelle Geschäft, vorwiegend auf Dieselmotoren. Die starke Marktstellung im Textilmaschinengeschäft eröffnet dem Unternehmen günstige Zukunftschancen, da hier wegen der sehr differenzierten und technisch komplizierten Fertigung auf absehbare Zeit mit einer eigenen mexikanischen Produktion und damit mit Importrestriktionen nicht zu rechnen ist.

Im Rahmen der Geschäftstätigkeit von Atlántida Mexicana S. A. hat in den letzten Jahren das Vertretungsgeschäft zu Lasten des Eigengeschäfts immer größere Bedeutung erlangt. Im Eigengeschäft werden im wesentlichen nur noch Ersatzteile und Zubehör gehandelt, für die Lagerhaltung erforderlich ist; darüber hinaus wird das gesamte Inlandsgeschäft mit KSB Mexicana auf eigene Rechnung und im eigenen Namen abgewickelt. An allen Geschäften wirkt die Hamburger Muttergesellschaft direkt oder indirekt mit, wobei allerdings die technische Korrespondenz in vielen Fällen direkt zwischen den Lieferwerken und der Atlántida geführt wird. Die Mitwirkung der Münchmeyer Export GmbH erstreckt sich unter anderem insbesondere auf die Finanzierung der abgeschlossenen Geschäfte, die in 75—80 % aller Fälle erforderlich ist. Die enge Bindung an die zur Gesellschaft gehörende Hamburger Bank hat den Vorteil, daß bei Auftragsabschlüssen auf Finanzierungsbasis keine langwierigen Verhandlungen nötig sind. Die Lieferfirmen werden aus dem Finanzierungsrisiko entlassen.

Parallel zum Verkaufsgeschäft wird eine Engineering- und technische Beratungsabteilung betrieben, die mit fünf Textilingenieuren, zwei Elektroingenieuren und einem Maschinenbauingenieur besetzt ist. Dadurch besteht die Möglichkeit, komplette Anlagen einschließlich aller elektrischen und hydraulischen Nebenaggregate auch entsprechend den spezifisch mexikanischen Bedürfnissen zu planen. Für die Installationen selbst werden im Unterkontrakt lokale Bautrupps herangezogen. Diese Art der Zusammenarbeit mit mexikanischen Firmen (z. B. Installateuren, Pumpenbauern) hat sich gut bewährt; diese sind vielfach auch bei der Herstellung neuer Geschäftskontakte behilflich. Auf die Einrichtung einer eigenen Werkstätte konnte deshalb verzichtet werden. Atlántida beschäftigt neben dem kaufmännischen Personal und den Ingenieuren lediglich einen Mechaniker und einen Hilfsarbeiter für das traditionelle Sortiment. Die Engineering-Abteilung soll weiter ausgebaut werden, da an diesen hochwertigen Serviceleistungen der Anlagenplanung und der technischen Bearbeitung in Mexiko großer Bedarf besteht und die US-amerikanische Konkurrenz gerade auf diesem Gebiet erstklassige Leistungen bietet.

Auf dem Textilmaschinensektor ist die technische Betreuung wegen der starken Spezialisierung und Differenziertheit der verschiedenen Aggregate nur in enger Zusammenarbeit mit den Herstellerfirmen möglich. Der größte vertretene Produzent hat einen Montageinspektor und einen Monteur ständig in Mexiko; die übrigen Hersteller entsenden bei Bedarf Werksmonteure.

Seit etwa vier Jahren unterhält die Atlántida Mexico S. A. innerhalb des Betriebsgebäudes eine Technikerschule, an der die Mechaniker der mexikanischen Kunden an Textilmaschinen ausgebildet werden; für die 3-Wochen-Kurse, von denen jährlich vier bis fünf stattfinden, ist von den Kunden pro Person lediglich ein symbolischer Betrag von 600 Pesos zu entrichten. Das Bedienungspersonal der Maschinen wird von den eigenen Ingenieuren oder von Werksmonteuren am Platz der Investition ausgebildet (in der Regel drei bis vier Wochen lang). Der Versuch, technisches Personal in Zusammenarbeit mit den Lieferwerken in Deutschland ausbilden zu lassen, wird nur als teilweise geglückt bezeichnet.

Johs. Rieckermann, Hamburg

Das 1892 in Hamburg gegründete Unternehmen hat das Außenhandelsgeschäft (Export) erst nach dem ersten Weltkrieg mit der Errichtung von Handelszentren in Japan (Tokio und Kobe) in größerem Umfange aufgenommen. Nach dem zweiten Weltkrieg erfolgte eine Schwerpunktverlagerung auf das technische Geschäft in Fernost und Südostasien. Die Fa. Rieckermann arbeitet heute mit Büros in Hongkong, Vietnam (Saigon), Thailand (Bangkok) und Pakistan (Karachi mit Außenbüros in Lahore und Dakka). Selbständige und finanziell unabhängige Rieckermann-Handelsgesellschaften bestehen in Japan (Rieckermann Ltd. in Tokio, Osaka und Nagaya) sowie in Korea (Seoul). Mit diesen Handelsgesellschaften erfolgt eine enge Zusammenarbeit im Rahmen gegenseitiger Ausschließlichkeitsverträge.

Das Unternehmen hat — abgestellt auf die Bedürfnisse der einzelnen Länder — spezielle Produktprogramme entwickelt. Auf dem Maschinensektor umfassen diese Programme in erster Linie Werkzeugmaschinen, Pharma- und Verpackungsmaschinen sowie Textilmaschinen und Papierverarbeitungsmaschinen. Daneben werden komplette Produktionsanlagen in den asiatischen Raum geliefert. So wurden in Thailand (Bangkok) und Vietnam (Saigon) komplette pharmazeutische und kosmetische Fabriken sowie moderne graphische Betriebe errichtet. In die Errichtung von Zuckerfabriken und Getreidemühlen in Südkorea war die Fa. Rieckermann ebenfalls eingeschaltet. In den genannten Unternehmen der Fa. Rieckermann steht geschultes deutsches und einheimisches technisches Personal für Beratung und Kundendienst zur Verfügung.

Zur Exemplifizierung der Tätigkeit des Handelsunternehmens in einem typischen Entwicklungsland sei nachfolgend die Aktivität der Vertretung in Karachi/Westpakistan kurz skizziert. Diese Firma wurde 1962 unter dem Namen Ahktar & Co. gegründet. Sie hat das Alleinvertretungsrecht des Hamburger Stammhauses und ist als Import- und Exportfirma sowie als Fabrikant registriert. Alle Behördenprojekte laufen über diese Firma. Sie besorgt die Arbeitsgenehmigungen und bezahlt die Steuern und Abgaben. Im Büro in Karachi werden derzeit zehn Personen, darunter acht Einheimische beschäftigt. Hiervon sind fünf als Verkäufer eingesetzt, von denen wiederum drei neben der reinen Verkaufstätigkeit umfangreiche technische Beratungs- und Servicefunktionen zu erfüllen haben. Dem übrigen Personal obliegt die Büroarbeit. Neben dem Büro in Karachi werden Außenbüros in Lahore (ein Verkaufstechniker mit Bürokraft) und Ost-Pakistan (zwei Verkaufstechniker in Dakka) unterhalten.

Das Lieferprogramm besteht hauptsächlich aus Werkzeugmaschinen und Werkzeugen, daneben aus kompletten Textilproduktionsanlagen und anderen speziellen Betriebsanlagen. Neuerdings werden Chemikalien verstärkt in das Programm aufgenommen. Es werden über 40 namhafte Hersteller, überwiegend Produzenten aus der Bundesrepublik Deutschland, vertreten, darunter so namhafte Firmen wie Degussa, Hanau, R. Seifert, Ahrensburg, Hack KG, Reutlingen, Badische Maschinenfabrik, Karlsruhe, Traub, Stuttgart, Union-Werkzeugmaschinenfabrik, Bielefeld. Zum Kreis der vertretenen Firmen gehören jedoch auch bekannte Industriefirmen aus anderen europäischen Ländern wie Holland, Dänemark, England und Italien.

Die Kundenaufträge werden in der Regel über das Hamburger Stammhaus abgewickelt. Das gilt auch für diejenigen Fälle, in denen die Vertretung deutscher und anderer Lieferfirmen direkt übernommen worden ist. Das Hamburger Stammhaus veranlaßt auch die Verschiffung und die Erledigung aller damit anfallenden Formalitäten.

Das Unternehmen in Karachi betreibt bisher im Maschinen- und Anlagengeschäft keine nennenswerte Lagerhaltung. Künftig soll jedoch bei Werkzeugen sowie Maschinenersatzteilen in verstärktem Maße eine Bevorratung erfolgen. Mit der zunehmenden Aufnahme von Chemikalien in das Produktprogramm soll auch auf diesem Gebiet die Lagerhaltungsfunktion wesentlich verstärkt werden.

Im Maschinen- und Anlagengeschäft ist eine eingehende Beratungstätigkeit unerläßlich. Der Vermittlung von technischem, aber auch ökonomischem know how kam und kommt sehr große Bedeutung zu.

Die meisten kleinen, aber auch größere Industrieanlagen wurden in den vergangenen Jahren von Leuten errichtet, die nur geringe technische Erfahrung hatten. So müssen oft komplette Projektstudien ausgearbeitet werden. Konkrete Fälle solcher Studien betrafen zur Zeit der Befragung in Karachi die Errichtung einer Schuhfabrik und einer Fahrrad-Fabrikation. Im Rahmen solcher Projektstudien muß nicht nur die Frage des Marktpotentials und damit der Produktionskapazität geprüft werden, es ist auch im einzelnen festzulegen, welche Maschinen und Werkzeuge am geeignetsten sind, und welches Produktionsverfahren angewendet werden soll. Hierbei müssen die technischen Erfordernisse mit den finanziellen Möglichkeiten des Investors in Einklang gebracht werden. Darüber hinaus muß das Vorhandensein von Rohmaterialien etc. berücksichtigt werden. Besonders häufig geht es in Pakistan um die Errichtung von Textilspinnereien. Diese Fabrikationsstätten werden im Durchschnitt mit einer Kapazität von 5 000 bis 6 000 Spindeln errichtet. Die Anordnung der Spindeln sowie der ganze Produktionsablauf weichen aber wegen ungenügender Planung z. T. stark voneinander ab. Auf diesem Gebiet muß daher in besonderem Maße Beratungstätigkeit erfolgen.

Auch bei der Montage sowie bei Umrüstungen von Maschinen und Anlagen wirken die Verkaufsingenieure des Karachi-Büros und seine Außenstellen mit. Daneben liegt der Service (Wartung, Reparaturen) großenteils in ihren Händen. Die gelieferten und installierten Maschinen sind in der Regel nur für eine ganz bestimmte Fabrikationsart eingerichtet. Bei Produktionsumstellungen erweist es sich daher als notwendig, Umrüstungen vorzunehmen. Für größere Montage- und Reparaturarbeiten werden in der Regel Vertreter der Lieferwerke herangezogen.

Die Verkaufsförderungsmaßnahmen stehen in engem Zusammenhang mit der technischen Beratungstätigkeit. Es werden immer wieder Werbekampagnen mit circular letters durchgeführt, die sich an ganz bestimmte Kundenkreise wenden und in denen im Detail bestimmte technische Problemlösungen besprochen werden bzw. Verwendung und Einsatzmöglichkeiten von Maschinen und Anlagen erläutert sind.

Die Fa. Rieckermann legt besonderen Wert darauf, daß insbesondere die Verkaufsingenieure ständig intensiv weitergebildet werden. Das geschieht u. a. durch längere Aufenthalte in Deutschland (1—1½ Jahre). In diese Ausbildung müssen erhebliche Beträge investiert werden, die z. T. von den vertretenen Werken, z. T. von der Fa. Rieckermann selbst getragen werden.

Gebr. Weyersberg, Solingen

Rund 95 % der gesamten Exportumsätze dieses Handelshauses gehen in Entwicklungsländer. Eindeutiger Schwerpunkt der Geschäftstätigkeit liegt in Lateinamerika, wo mit allen Ländern Geschäftsverbindungen unterhalten werden. Daneben erfolgen Exporte in die portugiesischen Provinzen Afrikas und nach Thailand. Die Lieferungen umfassen Schneidwaren, Werkzeuge, viele weitere EBM-Artikel, technische Artikel sowie Maschinen und Anlagen vorwiegend für metallverarbeitende Betriebe. Im Anlagengeschäft bietet Weyersberg seinen Abnehmern umfassende Problemlösungen an, die von Marktstudien über Planung und Projektierung bis zur ständigen Assistenz in technischen und kaufmännischen Fragen und Zurverfügungstellung des eigenen Vertriebsnetzes in Entwicklungsländern reichen. In Lateinamerika unterhält Weyersberg rd. 30 Vertretungen, teilweise auch in Zusammenarbeit mit lokalen Unternehmen.

Die Fa. Weyersberg hat bereits sehr frühzeitig ihre entwicklungsfördernde Tätigkeit über den reinen Warenhandel hinaus ausgedehnt, indem sie — vielfach in Zusammenarbeit mit einheimischen Firmen — Produktionsstätten errichtete, dort Arbeitskräfte ausbildete sowie über know-how-Verträge technisches Wissen vermittelte bzw. technische Assistenz leistete.

In Brasilien beispielsweise erfolgte bereits 1923 der Aufbau einer Gesenkschmiede zur Herstellung von Werkzeugen und Schneidwaren. Der Betrieb beschäftigt heute 300 Personen, beliefert u. a. Volkswagen do Brasil mit Autoteilen aus der Schmiede und stellt ein international wettbewerbsfähiges Werkzeug- und Schneidwarenprogramm her, das auch exportiert wird.

Im Jahre 1961, als sich die Grenzen Kolumbiens für die Einfuhr von landwirtschaftlichen Geräten schlossen, gründete Weyersberg mit ca. 95 % kolumbianischem Kapital die Firma INCOLMA S. A. Die Fabrik wurde von Weyersberg geplant, installiert und in Gang gebracht und die erforderlichen Arbeitskräfte ausgebildet.

Die kaufmännische Leitung des Werkes liegt in kolumbianischen, die technische Leitung in deutschen Händen. Die Firma versorgt das Land mit landwirtschaftlichen Geräten sowie mit Berufsmessern sowie neuerdings auch mit Scheren. Alle diese Artikel werden in zentral- und südamerikanische Länder exportiert. Abgesehen von der Kapitalbeteiligung ist Weyersberg mit diesem Werk durch einen know-how-Vertrag verbunden, wodurch es möglich ist, die neuesten produktionsmethodischen Erkenntnisse einfließen zu lassen.

Ein ähnliches Projekt wie in Kolumbien besteht seit 1964 in El Salvador mit größerem Produktionsprogramm (zusätzlich Hacken, Schaufeln, Äxte, Brechstangen, Fleischklopfer etc.). Auch hier spielte die Ausbildung einheimischer Arbeitskräfte eine Rolle. Technische und kaufmännische Leitung des Werks liegen in deutscher Hand. Zusammen mit der Deutschen Entwicklungsgesellschaft ist Weyersberg an dieser Firma zu knapp 40 % beteiligt, die restlichen Aktien werden von zentralamerikanischen Firmen gehalten, die meist zu den Kunden zählen. Ebenso wie die Produktionsunternehmen in Brasilien und Kolumbien verwendet das Werk in El Salvador die Weyersberg-Wort- und Bildmarken, die eine starke Verkehrsgeltung haben.

Auch in Ecuador hat Weyersberg am Aufbau eines Fertigungsbetriebes mitgewirkt, dessen Produktionsprogramm dem der Fabrik von El Salvador gleicht. Die technische Leitung ist in diesem Fall in den Händen von Deutschen, die kaufmännische Leitung des Unternehmens, dessen Kapital ausschließlich von Einheimischen gehalten wird, liegt in ecuadorianischen Händen.

Im Jahre 1968 gründete Weyersberg zusammen mit einem Remscheider Hersteller eine Feilenfabrik in Honduras. Der Vertrieb in den gesamten zentralamerikanischen Freihandelsraum wird durch Weyersberg abgewickelt. Die honduresischen Arbeiter werden von deutschen Technikern im Werk eingearbeitet, die kaufmännische und technische Leitung liegt in deutscher Hand.

Theodor Wille, Hamburg

Das Handelsunternehmen betätigt sich sowohl im Import- als auch im Exportgeschäft. Vom Gesamtumsatz entfallen etwa zwei Fünftel auf Importe und rd. drei Fünftel auf Exporte. Sämtliche Importe kommen aus Entwicklungsländern, vom wertmäßigen Export gehen rd. 90 % in diesen Teil der Welt. Importiert wird vor allem aus Brasilien, Kolumbien, Mexiko, Guatemala, El Salvador, Costa Rica sowie — in geringem Umfang — aus Kenia. Auch auf der Exportseite steht der lateinamerikanische Raum im Vordergrund; geliefert wird überwiegend nach Brasilien, Peru, Bolivien, Kolumbien, Ecuador, Paraguay, Chile,

Argentinien und Mexiko. Das Exportgeschäft mit afrikanischen Ländern befindet sich noch in den Anfängen; das gleiche gilt für den Iran und Pakistan.

Importprodukte sind in erster Linie Kaffee, Kakao, Gewürze, Erdnüsse, Futtermittel, pflanzliche Faserstoffe sowie Hölzer. Zum Exportprogramm gehören komplette Fabrikanlagen sowie Motoren und Maschinen aller Art, Büromaschinen, Laborzubehör, Foto- und optische Artikel, Chemikalien sowie Eisenwaren aller Art (einschl. Bleche). Die Fa. Wille vertritt nicht nur deutsche Hersteller, für die sie vielfach Exklusivvertriebsrechte in einer Reihe von Entwicklungsländern hat. Beispielsweise arbeitet sie auch mit englischen Lieferanten zusammen.

Auf der Importseite liegt der Betätigungsschwerpunkt in Brasilien, dem eigentlichen Geburtsland der Firma. Bereits 1844 wurde von Theodor Wille in Santos ein Kaffeehandelsunternehmen gegründet[3], das — nach der Zwangsliquidierung im zweiten Weltkrieg und Neugründung im Jahre 1951 — auch heute noch tätig ist. Ansonsten bestehen keine eigenen Handelshäuser bzw. Niederlassungen in Entwicklungsländern, die sich mit dem Export von Landesprodukten aus diesen Ländern befassen. Die Fa. Theodor Wille unterhält jedoch in allen Ländern, aus denen Produkte nach Deutschland exportiert werden, enge Geschäftsbeziehungen zu einheimischen Abladerfirmen. In Brasilien beispielsweise besteht ein Exklusivabnahmevertrag mit einer Maismühle.

Die Fa. Wille ist bemüht, für verschiedene Importprodukte ein Markenimage zu schaffen, um auf diese Weise den Absatz in der Bundesrepublik ausweiten zu können. Im Zuge dieser Bemühungen wurde für Kaffee aus Guatemala die Marke Pastores etabliert. Auch ist geplant, die aus Mais gewonnenen Futtermittel unter einer speziellen Marke über Genossenschaften und an Großabnehmer abzusetzen.

Im Rahmen des Importgeschäftes spielte die Finanzierungsfunktion eine außerordentlich große Rolle. So wird die Kaffee-Ernte in Guatemala auf vertraglicher Basis in erheblichem Umfang vorfinanziert. Das gleiche gilt für Pfeffer-Importe aus Brasilien. Eine wichtige Funktion ist auch die Beratung. So werden in Deutschland Analysen der importierten Produkte durchgeführt und den Erzeugern und Abladern mitgeteilt, wo und in welcher Beziehung Unzulänglichkeiten bestehen. Gleichzeitig unterbreitet die Firma entsprechende Verbesserungsvorschläge. Die einzelnen Partnerländer werden in regelmäßigen Abständen bereist, um an Ort und Stelle die Erzeuger und Ablader eingehend zu beraten.

---

[3] Vergleiche die ausführliche Firmengeschichte von *Zimmermann*, Siegfried: Theodor Wille 1844—1969, Hamburg 1969.

Diese Beratungstätigkeit erstreckt sich nicht nur auf die Produktion, sondern auch auf den Vertrieb.

Zur Wahrnehmung des Exportgeschäftes (Ausfuhr von Industrieerzeugnissen in Entwicklungsländer) hat Theodor Wille in Brasilien und Kolumbien Schwester- bzw. Tochtergesellschaften errichtet. Das Hamburger Haus muß zunehmend für eine mehrjährige Finanzierung Sorge tragen, vor allem wenn es sich um die Lieferung ganzer Fabrikanlagen handelt. Der brasilianische Markt wird durch die Firma Diederichsen-Theodor Wille S. A. mit dem Sitz in Sao Paulo bearbeitet. Die wachsenden Schwierigkeiten bei der Beschaffung von Einfuhrlizenzen für technische Artikel veranlaßten die brasilianischen Partner schon bald, sich selbst in der heimischen Produktion zu betätigen. Zunächst wurde aus einer kleinen Kesselschmiede in Sao Paulo mit finanzieller Beteiligung eines deutschen Produktionsunternehmens eine leistungsfähige Fabrik für den Apparatebau entwickelt; unter Mitwirkung einer anderen deutschen Industriefirma entstand ein Produktionsunternehmen, das Beregnungsrohre und Zubehör herstellt. Später wurde eine Fabrik für geschweißte Rohre und Plastikrohre errichtet und schließlich wurde — wiederum gemeinsam mit einer deutschen Fabrik — ein Betrieb für leichten Maschinenbau mit einer Gießerei eröffnet. Als Holdinggesellschaft für diese Industrieinteressen wurde 1957 die Hanseatica S. A. Sao Paulo gegründet. Insgesamt werden in diesen Unternehmen rd. 700 Personen beschäftigt, davon im reinen Handelsgeschäft etwa 60 Kräfte, überwiegend Einheimische. Die Handelsniederlassung arbeitet mit einem Stab selbständiger Vertreter und Reisender. Auf dem Büromaschinensektor ist die Firma Wille mit 25 % am Kapital einer brasilianischen Firma beteiligt, die eigene Werkstätten unterhält. Diese Firma beschäftigt 60 Kräfte, überwiegend Einheimische.

In Kolumbien hat Theodor Wille Anfang der fünfziger Jahre durch die Übernahme von Industrievertretungen Fuß gefaßt. Die Entwicklung verlief anfänglich so günstig, daß der Aufbau einer eigenen Werkstätte erforderlich wurde. 1954 wurde in Bogota eine Tochtergesellschaft unter dem Namen Theodor Wille Ltda. (später umgewandelt in Politecnica Ltda.) gegründet. Der Schwerpunkt des Geschäfts in diesen Jahren lag bei Industrienähmaschinen, Schuhmaschinen, Straßenbaumaschinen, Landmaschinen, Regneranlagen. Etwa seit 1963 ging dieses Geschäft vor allem wegen des wachsenden Devisenmangels und der damit verbundenen Importrestriktionen rapide zurück. Die eigenen Gebäude mußten vermietet und 1968 verkauft werden, die Warenbestände wurden abgebaut, die Filialen und Beteiligungen liquidiert. Die Politecnica hat gegenwärtig eine gewichtige Marktposition auf dem Fotogebiet (anfänglich Vertretung von Perutz und Leonar, später des englischen Ciba-Ilford-Konzerns). Die Politecnica beschäftigt heute noch sieben bis acht Angestellte gegenüber rd. 40 Ende der fünfziger Jahre; sie konzentrieren sich voll auf das technische Anlagengeschäft sowie auf die Betreuung der Vertreter in den Nachbarländern.

In Ländern, in denen keine Tochtergesellschaften bzw. Beteiligungen an Handelsunternehmen bestehen, wird eng mit einheimischen Importeuren und Großhandelsfirmen zusammengearbeitet.

Auf dem Ausbildungssektor leistet die Fa. Wille einen beachtlichen entwicklungsfördernden Beitrag, indem sie häufig Personal von befreundeten Firmen aus Entwicklungsländern zur Lehre sowie Weiterbildung nach Deutschland kommen läßt.

Otto Wolff AG, Köln

Mit einem Gruppenumsatz von rd. 2,9 Mrd. DM im Jahre 1970 zählt die Otto Wolff AG (mit angeschlossenen Gesellschaften) zu den größten deutschen Unternehmensgruppen.

Es werden Stahl und industrielle Anlagen in zahlreiche Industrie-, aber auch in viele Entwicklungsländer exportiert. Größeren Umfang hat das Stahlgeschäft (einschließlich Weißblech) — von den Gesamtexporten gehen rd. 20 % in Entwicklungsländer — mit Nigeria, dem Iran, Malaysia, Kolumbien, Venezuela, der Dominikanischen Republik sowie Peru.

Der Schwerpunkt des technischen Anlagenexports (vorwiegend auf dem Gießerei- und Walzwerksektor, der Nahrungsmittelindustrie, Kunststoff- und Werkzeugmaschinen- sowie Textilindustrie) — das Entwicklungsländergeschäft hat hier einen Anteil von ca. 85 % — liegt in Argentinien, Brasilien, Chile, Algerien, Kenia, Tansania, Uganda, Nigeria, Iran, Hongkong und Thailand. Hier ist die Geschäftstätigkeit ganz auf Projektierung und Lieferung kompletter Anlagen ausgerichtet.

Eigene Tochtergesellschaften bzw. Niederlassungen als Handelsfirmen unterhält die Otto Wolff AG in Hongkong (seit 1967; 4 Beschäftigte), in Nigeria (seit 1960; 40 Beschäftigte, darunter 36 Einheimische), in Puerto Rico (seit 1969; 4 Beschäftigte, darunter 2 Einheimische), in Venezuela (seit 1969; 4 Beschäftigte, darunter 1 Einheimischer), in Mexiko (seit 1969; 4 Beschäftigte, darunter 1 Einheimischer) sowie in Brasilien (seit 1968; 20 Beschäftigte). An einigen dieser Niederlassungen sind Geschäftspartner aus den jeweiligen Ländern kapitalmäßig beteiligt worden[4].

---

[4] Daneben befinden sich Delegierte zur Anbahnung von Kundenkontakten in Argentinien, Chile, Kolumbien, Peru, Ägypten, Kenia, Iran (ab 1. 9. 1971) und Thailand.

Andererseits hat Otto Wolff in Nigeria eine maßgebliche Beteiligung an einem Unternehmen der stahlverarbeitenden Industrie übernommen. In Chile besteht eine Kapitalbeteiligung an einem Unternehmen der optischen Industrie.

Die brasilianische Tochtergesellschaft, Otto Wolff do Brasil in Rio de Janeiro und Sao Paulo, wurde 1968 zusammen mit der seit 60 Jahren in Brasilien tätigen Handelsfirma Borghoff S. A., gegründet, die an diesem Unternehmen mit 50 % beteiligt ist. Bis dahin war Otto Wolff in Brasilien lediglich durch einen Delegierten vertreten. Schwerpunkt der Tätigkeit in Brasilien ist das Anlagengeschäft, vorwiegend auf dem Sektor der Metallerzeugung und -verarbeitung sowie auf dem Chemiesektor. Zwei Geschäftsbereiche sind zu unterscheiden:

— Das Otto-Wolff-Programm. Hier werden alle Projekte in Köln bei der Muttergesellschaft geplant, koordiniert und ausgearbeitet. Auch die Finanzierungsfunktion liegt bei der Muttergesellschaft.

— Das Vertretergeschäft, das unabhängig von der Muttergesellschaft betrieben wird (Direktvertretungen für Gruppenwerke und fremde deutsche Firmen).

Geschäftspartner von Otto Wolff do Brasil sind überwiegend private Fertigungsbetriebe, daneben bestehen aber auch Geschäftsbeziehungen mit staatlichen Organisationen. Auf der Beschaffungsseite greift das Unternehmen zunehmend auf brasilianische Zulieferer zurück, da es wegen der bestehenden Importrestriktionen kaum mehr möglich ist, ganze Anlagen zu importieren. Alle Teile, die im Land selbst produziert werden können, unterliegen einem Einfuhrverbot. Hierdurch entstehen teilweise Koordinierungsschwierigkeiten, da die eingeführten und die im Inland erzeugten Teile aufeinander abgestimmt sein müssen.

Die Otto Wolff AG beabsichtigt, den Handel mit Entwicklungsländern zu intensivieren. Das Delegiertennetz und die Zahl der Niederlassungen im Ausland sollen in den nächsten Jahren erweitert werden.

Summary of the Research Results and Conclusions

The most important results of the research are to comprize in the following statements:

— Because of fundamental changements in the market- and competition situation of foreign trade with the developing countries, the German import and export trading firms are confronted with considerable difficulties since about 20 years, which do compel to examine and to readapt their activity programme. The reorganization of the enterprise strategy for the export concerns the following developments:

 A tendencial shifting of the assortment concentration from consumer goods to investment goods, a growing importance of the more difficult products (as highly technological products), in comparison to the less difficult products (as consumer goods), and in this connection an intensification of advice and service functions, concentration of assortments, increasing realization of commission business, autonomization of foreign branches from their parent firm as to increase their flexibility. On the import side takes place a change of the structure as well. The importer lays more and more stress upon marketing problems concerning mainly the product and quality strategy and the sale promotion.

— The German import and export trading firms have a considerable importance in the trade with the developing countries. About 80 % of the imports from developing countries is realized through importing merchants. About 20—25 % of the exports to the developing countries are effected by the exporting merchants. The private import and export trading firms realize about half of the total value of the whole foreign exchanges of the Federal Republic with the developing countries.

 Economically the import and export trading firms have even more importance than the mentioned data do show, as turnovers of certain business transactions (i. e. commission turn-over) can not be completely included because of statistical reasons.

— The activities of German import and export trading firms are not only concentrated on one or a few countries, but they are generally worldwide. Particularly the trade with developing countries demands a permanent local presence in form of branches. About 80 % of the interviewed trading companies are more and more represented with own branches in the developing countries. On average, those firms have five branches, frequently this number is considerably higher.

— The import and export trade dealing with developing countries effects with its commercial activities numerous specific results, which promote the economic development of the partner countries. Pioneer activities like the research of new products, and the promotion of their adaptation to a marketable product — herefor a great number of examples do exist — are of a particular incentive for the economic progress of the developing countries. In the past years, some of the export trading companies have considerably invested in the construction and expansion of purchase- and sale offices, stocks, finishing-, process- and setting plants, repair shops, etc. Even if the dimension of those investments remains considerably behind the investment volume of the industry, they are, nevertheless, — seen on the local level —, rather important. The thus involved investments have an essential meaning for the developing countries. Besides the employment effect of native labour, the contribution of the German trading firms for the commercial and technical formation is considerably important. Crediting on goods and financing in advance, having in the trade with developing countries a considerably greater dimension and a higher risk, represent an important support for those business partners, who generally do not dispose of the necessary financial base. Frequently they are an indispensable precondition for trade.

— Activities of import and export business with the developing countries are higly impeded by risks and competition displacements through the political instability, danger of nationalization and socialization, as well as through economical and political conditions, like import restrictions, monetary risks, difficulties in residence permit or work permissions, price controls etc.

The main result of this study is, that the German import and export trading firms contribute a great deal to promote the trade with the developing countries and supports their economical strength. Neither in the Federal Republic of Germany, nor in the developing countries the promoting effects of those activities are well distinguished and appreciated. This is mainly due to the fact, that a great deal of those activities are not computable. Whereas the activities of the industry are manifested more evidently in quantitative dimensions, as products, production results, and employment figures. Often the public attributes the private support of development to the industry only. The trade has not yet succeeded in making its activities transparently.

The special activity of the trading firms are their diversity of work and their flexible supply policy — based on long experiences —, which are expressed in an optimum supply of the markets of the developing countries, and the marketing of the different local products on the world market. The German trade companies have generally adapted their business strategy to the concept of development policy of the Federal Government. This is especially valuable for enterprises with own branches in the developing countries. The functions of the trade and the obtained results prove, that it is an error to believe, trade would increase the costs for the transactions of goods with the developing countries and that it would be inefficient.

Résumé des Resultats d'Enquête et Conclusions

Les résultats les plus importants de l'enquête se résument comme suit:
— Suite aux changements fondamentaux des données du marché et de la concurrence dans les échanges avec les pays en voie de développement, les maisons de commerce à l'importation comme à l'exportation se voient confrontées depuis deux décades avec des difficultés considérables, qui les obligent à revoir et à reconduire leurs programmes d'activités. Cette révision de la politique des entreprises comporte, dans le cadre de l'exportation, l'évolution suivante:

Un glissement dans le choix des produits qui doivent passer des articles de consommation aux moyens de production, une intensification de la diversité des produits difficilement négociables par rapport aux produits facilement négociables, et un renforcement des fonctions de conseil et de service, sélection de l'éventail des produits, extension des affaires comportant la mise à disposition de stock, rendre plus autonome les filiales étrangères des maisons mères pour accroître leur souplesse.

De même en ce qui concerne les importations, il conviendra de mettre l'accent sur leur utilité. L'importateur est devenu plus conscient de son marché ce que l'on ressent surtout dans le choix et la qualité des produits ainsi que dans les méthodes de promotion des ventes.

— Les maisons de commerce extérieur jouent un rôle important pour les transactions avec les pays en voie de developpement. Environ 80 % des importations en provenance des pays du Tiers-Monde se réalisent par l'intermédiaire des importateurs privés. Les exportations vers les pays en voie de developpement passent à environ 20—25 % par les maisons d'exportation.

En valeur total du commerce extérieur de la RFA avec les pays en voie de developpement, le commerce extérieur privé participite pour la moitié. L'importance économique des maisons de commerce est même encore plus grande que les chiffres mentionnés, tels que les chiffres d'affaires de certaines transactions (par example, le chiffre d'affaires résultant des contrats d'affaires sur stock), ne peuvent pas être complètement recenser pour des raisons d'ordre statistique.

— Les activités des maisons de commerce se concentrent rarement sur un seul pays ou un petit nombre d'entre eux, mais elles se repartissent souvent dans le monde entier. Le commerce avec les pays en voie de développement exige tout particulièrement une présence locale permanente des filiales. Environ 4 maisons de commerce sur 5 sont représentées par leur propres filiales dans les pays du Tiers-Monde. En moyenne, ces maisons entretiennent 5 filiales. Ce n'est pas rare que ce chiffre soit beaucoup plus élevé.

Dans le cadre de ses activités d'échange le commerce extérieur avec les pays en voie de développement rend de nombreux services particuliers, qui sont essentiels pour le développement économique des pays partenaires. Des activités de pioniers — telles que la recherche de produits nouveaux et leur exploitation pour les exporter — de nombreux exemples en témoignent — contribuent au progrès économique des pays du Tiers-Monde. Pendant les années passées, les maisons de commerce ont, partiellement, investient des montants considérables pour la construction et l'extension des bureaux d'achats et de ventes, des magazins, des installations de stockage, des ateliers de transformation, de montages, et de reparations, etc. Même si la dimension de ces investissements est inférieur au volume d'investissement de l'industrie, ils sont pourtant considérables sur un plan local. Les investissements, qui en résultent, sont essentiels pour les pays en voie de développement. En ce qui concerne l'emploi de la main d'oeuvre indigène par les maisons de commerce allemandes, c'est surtout la contribution financière de ces maisons à la formation technique et commerciale, qui est très élevé. Les crédits sur les merchandises, et les préfinancements, comportant de risques plus importants dans le cadre des affaires avec les pays du Tiers-Monde qu'avec les pays industrialisés, représentent une aide considérable pour les commerçants partenaires qui sont souvent très faibles financièrement. Fréquemment ce sont des conditions indispensables à ce commerce.

— L'activité du commerce extérieur dans les affaires avec les pays du Tiers-Monde est spécialement gênée par les risques importants et la concurrence. Cela comporte à part des données politique dans les pays en voie de développement — comme l'instabilité, danger de nationalisation et socialisation —, également des données économiques et économico-polique, tels que les contingentements, les risques monétaires, réglementation des permis de stage et de travail, contrôle de prix, etc.

En conclusion les maisons de commerce allemandes contribuent dans une large mésure à la promotion des échanges avec les pays en voie de développement, et à la stabilisation de leur activité économique. Ni en RFA, ni dans les pays en voie développement l'effet bénéfique de ces activités sur le développement n'est jugé ni estimé à sa juste valeur. — Cela est surtout dû, à ce que beaucoup de ces services se font indirectement, et ne sont pas chiffrables. Par contre, les activités de l'industrie s'expriment plus facilement en chiffres, comme produits, chiffres de production, et nombre d'employés. Il est souvent constaté officiellement, que l'assistance privée au Tiers-Monde est à porter uniquement à l'actif de l'industrie. Jusqu'à maintenant, le secteur commercial n'a pas su faire valoir sa contribution.

L'activité propre de cette branche réside dans l'étendu de son activité et dans la souplesse de ses offres, qui sont le fruit d'une expérience de longues années — ainsi que dans une adaptation judicieuse à satisfaire les besoins des marchés des pays en voie de développement, et de commercialisation des produits des marchés respectifs sur le marché mondial.

Les maisons d'import-export s'adaptent dans leurs tâches quotidiennes au programme de développement du Gouvernement; ceci est particulièrement vrai pour les entreprises qui disposent d'une filiale dans les pays en voie de développement.

Si l'on compare les fonctions que doivent assumer le secteur commercial aux services qu'ils rendent, il s'avère inexact, que le commerce enchérisse l'échange des marchandises avec les pays du Tiers-Monde, et qu'il ne soit pas efficace.

Informationsquellen

1. Verzeichnis der im Rahmen der Untersuchung befragten Firmen, Verbände, Institute, Behörden und sonstigen Stellen

Außenhandelsfirmen

Aceros Fortuna S.A., Mexico-City
Jos. Achelis & Söhne, Bremen
Afrikanische Frucht-Compagnie, Hamburg
Anton Ankersmit, Bremen
Behn, Meyer & Co. Ltd., Singapur
H. A. Behrens, Hamburg
W. Biesterfeld & Co., Hamburg
Breckwoldt & Co., Hamburg
Brewo (Thailand) Ltd., Bangkok
Burhan Engineering & Co. Ltd., Karachi
Carlowitz & Co., Bangkok
Carlowitz & Co., Hamburg
Carlowitz & Co., Karachi
Carlowitz & Co., Singapur
Coutinho, Caro & Co., Hamburg
Peter Cremer, Bangkok
Peter Cremer, Hamburg
Deco S.A., Mexico-City
Diesel-Electric, Singapur
C. H. Erbslöh, Düsseldorf
K. D. Feddersen & Co., Hamburg
Ferrostaal AG, Essen
Ferrostaal de Colombia Ltda., Bogota
Ferrostaal do Brasil S.A., Rio de Janeiro
Ferrostaal Oficina Tecnica S.A., Mexico-City
Fetraco, Wuppertal-Elberfeld
Freudenberg & Co., Singapur
Robert Frohn & Sohn, Remscheid
Grimm & Co., Bangkok
Hälssen & Lyon, Hamburg
Jos. Hansen & Söhne, Hamburg
Harder, Meiser & Co., Bremen
Held & Cia, S.A., Bogota
Hoesch-Export GmbH, Dortmund
H. E. Hoppe KG, Hamburg
Hans Hunekuhl, Dortmund
Illies Continental (Thailand) Ltd., Bangkok
C. Illies & Co., Hamburg
Impex Handelsgesellschaft, Bremen

Intermares Ltda., Sao Paulo
Jebsen & Jessen, Bangkok
Jebsen & Jessen, Hamburg
Jebsen & Jessen (S) Ltd., Singapur
Kaika Ltda., Bogota
Franz Kirchfeld GmbH, Düsseldorf
E. G. Kistenmacher, Hamburg
Ernst Komrowski & Co., Hamburg
Gebr. Kulenkampff, Bremen
Kulenkampff & Konitzky, Bremen
Lohmann & Co., Bremen
Mannesmann Export GmbH, Düsseldorf
Mannex do Brasil, Sao Paulo
Hans Mehr & Co., Hamburg
C. Melchers & Co., Bremen
C. Melchers & Co. S.E.A. Agency, Singapur
Mercantil Zima S.A., Mexico-City
Arnold Otto Meyer, Hamburg
E. H. C. Michahelles & Co., Hamburg
Miles Im- und Export-Handelsgesellschaft mbH & Co., Hamburg
Münchmeyer Export GmbH, Hamburg
Theodor Nagel, Hamburg
Nordstahl GmbH, Düsseldorf
Hartmut Paulus (Vertretung der Fa. Gebr. Weyersberg), Sao Paulo
Alexander Petersen & Co., Hamburg
R. Petersen & Co., Hamburg
Politecnica Ltda., Bogota
Johann Heinr. Poppe, Hamburg
Johs. Rieckermann, Hamburg
Johs. Rieckermann, Karachi
Siemssen & Co., Hamburg
Siemssen & Co., Karachi
Simon, Evers & Co. GmbH, Hamburg
Johann Schuback & Söhne, Hamburg
Steidtmann & Nagel, Hamburg
Carl Aug. Tillmann, Bremen
Thyssen Stahlunion Export GmbH, Düsseldorf
Alfred Töpfer, Hamburg
Ultramer S.A., Mexico-City
Erwin Weisgerber, Wuppertal-Elberfeld
Gebr. Weyersberg, Solingen-Ohligs
H. v. Wichmann KG, Hamburg
Theodor Wille, Hamburg
Otto Wolff AG, Köln
Otto Wolff do Brasil, Rio de Janeiro

Verbände, Institute, Behörden, sonstige Stellen

Afrika-Verein e. V., Hamburg
Außenhandelsverband Nordrhein-Westfalen, Düsseldorf
Botschaft der BRD, Bangkok
Botschaft der BRD, Bogota
Botschaft der BRD, Rio de Janeiro

Botschaft der BRD, Singapur
Bremer Ausschuß für Wirtschaftsforschung, Bremen
Bundesstelle für Außenhandelsinformation, Köln
Bundesverband des Deutschen Groß- und Außenhandels, Bonn
Camera de Comercio Colombo-Alemana, Bogota
Camera Teuto-Brasileira de Comercio, Rio de Janeiro
Bundesverband der Exporteure von Eisen- und Metallwaren, Remscheid-Hasten
Camera Teuto-Brasileira de Comercio, Sao Paulo
Consulate General of the Federal Republic, Karachi
Deutsche Bank, Bogota
Deutsche Bank und Deutsche Überseeische Bank, Mexico-City
Deutsch-Südamerikanische Bank AG, Mexico-City
Deutsche Gesellschaft für wirtschaftliche Zusammenarbeit mbH, Köln
Deutsch-Mexikanische Handelskammer, Mexiko
Deutsches Übersee-Institut, Hamburg
Far East Research Organisation Ltd., Singapur
Dr. H.-J. Hainich, Bogota (BfA-Korrespondent)
Handelskammer, Bremen
Handelskammer, Hamburg
Ibero-Amerika-Verein, Hamburg
Nah- und Mittelost-Verein e. V., Hamburg
Ostasiatischer Verein, Hamburg
Olof v. Randow, Singapur (BfA-Korrespondent)
Statistisches Amt der Behörde für Wirtschaft und Verkehr, Hamburg
Dr. Wolf-Rüdiger Streck, Karachi (BfA-Korrespondent)
Thai German Chamber of Commerce, Bangkok
United Bank Ltd., Karachi
Verein Hamburger Exporteure e. V., Hamburg
Vereinigung der Rohtabak-Importeure, Bremen
Wirtschaftsvereinigung Groß- und Außenhandel, Bremen
Wirtschaftsvereinigung Groß- und Außenhandel, Hamburg

2. Literaturverzeichnis

Amt für Wirtschaft der Freien und Hansestadt Hamburg: Memorandum zur Notwendigkeit und Zweckmäßigkeit der Förderung von Auslandsniederlassungen kleiner und mittlerer Unternehmen, insbesondere von deutschen Handelshäusern in Entwicklungsländern, Hamburg Sept. 1970.

Arbeitsgemeinschaft der Exporteure von Eisen- und Metallwaren e. V.: Verzeichnis der Exporteure von Eisen- und Metallwaren, Remscheid 1970.

Arbeitsgemeinschaft für Wirtschaftsförderung e.V., Hamburg: Exporthandel — Aufgaben und Funktionen, Hamburger Beiträge aus der Wirtschaftspraxis, Ausgabe September 1965.

Hellauer, J.: Welthandelslehre, Wiesbaden 1954.

Laumer, H. und E. *Greipl:* Die Absatz- und Vermarktungsmöglichkeiten von Produkten aus den AASM-Ländern in der BRD, Ifo-Institut für Wirtschaftsforschung, München 1969.

Wilitzki, G.: Entwicklungstendenzen im Außenhandel, in: Absatzpolitik und Distribution, Wiesbaden 1967.

Printed by Libri Plureos GmbH
in Hamburg, Germany